DE TAMATAVE

A

TANANARIVE

(ILE DE MADAGASCAR)

PAR

GEORGES FOUCART,

Ingénieur des Arts et Manufactures,
Chargé de Mission.

LILLE,
IMPRIMERIE L. DANEL.

1890.

DE TAMATAVE

A

TANANARIVE

(ILE DE MADAGASCAR)

PAR

Georges FOUCART,

Ingénieur des Arts et Manufactures,
chargé de Mission.

Extrait du Bulletin de la Société de Géographie de Lille.

LILLE,

IMPRIMERIE L. DANEL.

—

1890.

DE TAMATAVE A TANANARIVE

Bien que, depuis plusieurs siècles, les Français aient pris pied à Madagascar, cette île est encore insuffisamment connue. La côte a été relevée avec soin ; mais des parties blanches, laissées çà et là sur la carte, révèlent l'ignorance où restent les Européens de la configuration exacte de bon nombre des régions situées à l'intérieur. Humiliante pour tous, une telle ignorance l'est plus spécialement pour la nation qui a assumé le protectorat de l'île, et c'est dans le but de la diminuer, sinon d'y couper court, que, vers la fin de l'année 1888, sur notre proposition appuyée d'un avis favorable de M. Le Myre de Vilers, résident général, M. le Ministre de l'Instruction publique résolut d'envoyer à Madagascar une mission scientifique.

Cette mission fut confiée au docteur Louis Catat, ancien officier de marine, et à moi. Peu de jours avant le départ, elle s'augmenta de M. Maistre, fils d'un grand industriel de Lodève, que le seul amour des voyages poussait vers les pays lointains.

Nous nous embarquâmes le 12 février 1889 sur le bateau *l'Amazone*, l'un des quatre bâtiments des Messageries Maritimes, chargés de desservir la ligne directe de Marseille à Madagascar, créée peu de mois auparavant. Après avoir touché à Port-Saïd le 17 février, à Obock le 22, à Aden le 23 et à Zanzibar le 1er mars, le bateau, faisant escale presque tous les jours, s'arrêta successivement à Mayotte, à Nossi-Bé. à Diego-Suarez, à Sainte-Marie ; enfin, le 9 mars. à Tamatave.

Le voyage de ce port, le plus important de la côte Est. à Tananarive, la capitale du royaume placé sous le patronage de la France, pouvait à peine être considéré comme la préface des explorations projetées par nous dans l'intérieur de l'île. Néanmoins comme, entre ces deux villes, existe une sorte de route qu'ont suivie déjà un grand nombre de savants, de commerçants, d'administrateurs et de militaires, mais qui est appelée à être bien plus fréquentée encore dans l'avenir, les notes que j'ai prises en la parcourant pourront offrir un certain intérêt. Cet intérêt sera d'autant plus vif que les descriptions qu'on en trouve dans les divers écrits publiés sur Madagascar depuis quelques années, ne sont pas toujours d'une exactitude bien scrupuleuse.

Tamatave est une assez importante ville de commerce où de nombreux navires viennent chercher ou apporter des marchandises. Nous y vîmes deux voiliers français et un américain. Malheureusement le port, ou plutôt la rade, ne présente pas une grande sûreté ; l'absence de phare rend impossible l'attaque de la côte durant la nuit et l'unique signal placé sur la pointe Tanio ne facilite qu'imparfaitement la marche au milieu des récifs coralliens contre lesquels la mer se brise de toutes parts. Sur l'un d'eux apparaissent encore les débris du *Dayot ;* près de la côte, ceux de l'*Oise* et de l'*Èbre* ; dans le voisinage de l'île aux Prunes (Nosy-Alanana), les épaves d'un trois-mâts et les carcasses de quelques boutres. Ce spectacle conseille la prudence : aussi mouille-t-on à une grande distance de terre et le *Boursaint*, navire de guerre français arrivé quelques jours après nous, reste-t-il sous pression pendant toute sa relâche pour être à même d'appareiller rapidement à la première apparence d'un cyclone.

L'éloignement forcé des navires gêne beaucoup le chargement et le déchargement des marchandises. Aucune apparence de jetée, pas même un simple warf ; autrefois, paraît-il, on avait construit un petit quai, mais les porteurs, ayant trouvé qu'en facilitant les manutentions on nuisait à leur industrie, l'ont démoli ; et le gouvernement hova, respectueux du vœu populaire malgré la brutalité de son expression, n'a pas tenté de reprendre le travail. Actuellement, les caisses et les ballots arrivant par mer sont donc transportés par des chalands qui viennent s'échouer sur le sable de la plage et qui sont ensuite vidés par des porteurs. Ces hommes entrent dans l'eau jusqu'à la ceinture, chargent les paquets sur leur dos, et ne leur font prendre que rarement un bain de mer. L'embarquement des marchandises ordinaires a lieu au moyen d'une manœuvre inverse. Mais pour celui des bœufs vivants, objet d'un grand commerce avec l'île de la Réunion, le procédé se trouvant insuffisant, les Malgaches en ont inventé un autre : ils attachent une première corde aux cornes, une seconde à la queue ou à l'une des jambes postérieures de l'animal ; puis s'attellent quatre ou cinq à chaque bout, et traînent ainsi la bête jusqu'à une pirogue qui flotte non loin de la côte. Comme . par précaution, ils laissent une assez grande longueur de corde entre eux et le bœuf, celui-ci conserve une certaine liberté de mouvements et, quand il entre dans la mer, manifeste le plus souvent son aversion pour l'eau salée par des ruades qui font lâcher prise à ses conducteurs. Enfin , après plusieurs tentatives , on amène, près de la pirogue , le fugitif qu'on amarre par la tête à une perche posée en travers et qui reçoit un second bœuf de l'autre côté. On vogue ainsi vers le navire en chargement et là, les malheureux animaux sont hissés sur le pont, par les cornes, au moyen d'un palan. Parfois ils se noient pendant le trajet ; d'autre fois, leurs cornes se brisent tandis qu'on les enlève, et ils retombent à la mer où les requins ne tardent pas à dévorer leurs cadavres. Mais les Malgaches aiment mieux supporter ces pertes que d'exécuter les minces travaux nécessaires pour faciliter le chargement. Il faut noter qu'à Madagascar les bœufs sont nombreux et n'ont pas la même valeur qu'en France ; leur prix varie entre 20 et 30 francs.

La grande quantité de porteurs employés au chargement des bateaux rend la plage très animée : tous se précipitent vers le nouvel arrivant pour lui offrir leurs services et si, en certaines occasions, ils savent se charger de poids considérables , ils ne dédaignent pas de prendre les plus petits objets ; celui qui s'est emparé d'une ombrelle ou d'une jumelle se considère comme suffisamment chargé et s'empresse de partir — en oubliant généralement de demander où l'on va — de peur qu'on ne lui confie un autre colis. Il saura bien retrouver le propriétaire au moment du paiement de la course et je dois dire , pour être juste, que, bien que la chose soit facile, il ne fait aucun effort pour le perdre.

Avant de pénétrer en ville , on s'arrête à la douane hova dont les bureaux et les magasins s'élèvent vers la droite du point où l'on débarque. Pour nous, un mot du résident par intérim de Tamatave, M. Jorre, attestant que nos bagages et nos instruments étaient destinés au service du gouvernement français, a simplifié les choses et réduit la visite à une simple formalité. Mais, en général, les marchandises sont frappées d'un droit *ad valorem* de 10 %.

A l'entrée et à la sortie, chaque commerçant vient discuter avec les douaniers le prix de la marchandise qu'il reçoit. Comme ceux-ci ne sont pas plus payés par le gouvernement que les employés des autres services publics, le meilleur argument pour les convaincre est un peu d'argent glissé adroitement : la quantité varie avec le nombre d'*honneurs* que possède le préposé.

A Tamatave et dans les cinq autres ports où les opérations de la douane s'effectuent sous le contrôle de ce qui fut le Comptoir d'Escompte, à part ces petits cadeaux qui entretiennent l'amitié entre le commerce et l'administration, tout se passe à peu près correctement. On raconte néanmoins que les marchandises ne sont pas toujours en sûreté dans les magasins de la douane et qu'elles sont quelquefois volées par ceux qui ont charge de les garder. Loin des centres, les recettes s'opèrent d'une manière assez fantaisiste. Les gouverneurs des provinces trouvent peu d'occasion de percevoir les droits à l'exportation, et sont d'autant mieux notés dans la capitale que le produit de la douane est plus élevé. Aussi un négociant, rencontré sur l'*Amazone*, me disait-il que, lorsqu'il avait à faire sortir des bœufs, ces fonctionnaires lui proposaient un rabais pour voir opérer l'embarquement sur leur territoire ; il arrivait de la sorte, par le système de la libre concurrence appliquée aux tarifs d'exportation, à payer le tiers ou le quart des droits réglementaires.

En quittant la douane, une route bordée de hangars conduit à l'avenue principale, qui est parallèle à la côte. A l'intersection de ces deux voies gisent, dans des caisses, les morceaux d'un monument à la mémoire des soldats français morts à Madagascar pendant la dernière guerre ; il se compose d'une colonne sur un socle octogonal avec quatre bornes. J'ai cru reconnaître, à travers une épaisse couche de poussière, la couleur bleutée et la taille ciselée de la pierre de Soignies, dont peu d'échantillons sans doute ont fait un si long voyage. Une difficulté sur l'emplacement empêche d'élever la colonne. Ne pas discuter le fond d'une question, mais faire surgir des incidents sur les détails, c'est le résumé de la politique hova.

L'avenue parallèle à la côte porte le N° 1, ce qui pourrait faire supposer qu'elle est accompagnée de plusieurs autres ; mais celle que désigne le N° 2 ne possède que peu de bâtisses et les suivantes sont encore à l'état embryonnaire. La résidence de France, plusieurs consulats, les principales maisons de commerce, les magasins des détaillants, la mission catholique avec une église et une école, les deux hôtels de voyageurs se trouvent sur l'avenue N° 1. Les constructions sont élevées au milieu de la verdure et sont généralement en bois, mais on commence à en édifier quelques-unes en briques avec couverture en tôle. Le sol est formé par le sable et, sauf devant la résidence et quelques points privilégiés, les trottoirs sont encore à faire. Il est vrai qu'à Tamatave, il n'y a pas de voiture dont il faille se garer ; les véhicules à roues n'ont d'autres représentants que de petits wagons circulant sur un chemin de fer à voie étroite qu'ont établi les négociants le long de l'avenue avec embranchement sur le port. Ils sont traînés ou poussés par des hommes, les deux uniques chevaux qui habitent Tamatave étant exempts de tout travail : considérés comme de simples curiosités, ils circulent en liberté dans la ville et un soir, en rentrant au Grand-Hôtel, nous avons trouvé l'un d'eux en train de brouter les légumes du jardin potager.

A Tamatave vivent un assez grand nombre de commerçants français et, en dehors du Malgache, notre langue est la seule connue : tous les indigènes en savent quelques mots. On y rencontre aussi des établissements anglais et américains, et, chose malheureuse à dire, la plus importante maison appartient à la nationalité allemande. Tamatave est le port d'embarquement des produits de la province centrale de l'Imérina, particulièrement des bœufs vivants et des peaux. Les productions du Nord et du Sud : caoutchouc, cire, gomme copale, soies, rabanes s'y concentrent aussi. Néanmoins, pour le Sud, une certaine quantité de marchandises va depuis quelque temps à Masindrano, vers l'embouchure du Mananjary, où la rade est, paraît-il, assez bonne et commence à être fréquentée par quelques bâtiments de commerce.

Dans les forêts qui avoisinent Tamatave, comme dans le reste de l'île, on trouve des bois qui pourraient être exportés ; mais, à cause de la difficulté des communications, ils ne forment pas encore un important objet de négoce. Une exploitation commencée dans les forêts du Nord, près de la baie d'Antongil, par le consul italien M. Maigrot, n'a pas donné jusqu'à présent de brillants résultats. Les Hovas pratiquent une façon particulière d'encourager le commerce : l'exportation de certains bois est interdite malgré leur abondance, et, par exemple, pour faire sortir du faux palissandre, bois très dur et presque incorruptible, on en fabrique des caisses qu'on garnit d'un remplissage quelconque.

Parmi les produits d'importation, figurent les liquides, le sel, quelques armes (bien que l'entrée en soit théoriquement interdite), les marmites en fonte, la quincaillerie, le fil, les aiguilles, les boutons, les bijoux communs, les allumettes, etc., et surtout les étoffes de coton, blanches ou imprimées. Peu de ces objets proviennent d'usines françaises et les étoffes de coton particulièrement, dont le débit est considérable, sont d'ordinaire allemandes, anglaises ou américaines ; ces dernières l'emportant dans l'estime des indigènes. S'ils pouvaient établir ces tissus au même prix que leurs concurrents et avec la même qualité, les Français trouveraient à Madagascar un de ces débouchés importants dont, par leur faute, ils se plaignent toujours de manquer.

L'extrémité Nord de la grande avenue accède au village malgache, dont les cases de joncs sont soutenues par une légère charpente de bois. Avant d'y arriver, une ruelle, descendant vers la mer, conduit au bazar où se vendent la viande, les légumes, le poisson. C'est aussi le quartier du commerce de détail rempli de boutiques tenues par des Indiens Malabares. Les petites industries indigènes : ferblanterie, serrurerie, ont aussi leurs représentants de ce côté.

Au coin de la ruelle conduisant au bazar et à ceux de quelques autres rues transversales, se tiennent les changeurs assis sur les talons devant un morceau d'étoffe étalé à terre, et une balance à la main. La monnaie de Madagascar est, en effet, tout à fait particulière : c'est la pièce de cinq francs entière ou coupée en morceaux plus ou moins petits. Les Malgaches acceptent presque toutes les pièces de cinq francs de l'union monétaire, mais ils professent une prédilection particulière pour la pièce française de la République, dite à colonne, et, ils montrent, au contraire, un éloignement que rien ne justifie pour les pièces dont la légende est en creux sur la tranche. A l'origine, les coupures étaient probablement régulières et on pouvait les recevoir à la simple vue ; mais quand on eut pris l'habitude de les tailler d'une manière quelconque, il devint nécessaire, pour les estimer, d'avoir recours à la pesée. Chacun est donc armé d'une petite balance en cuivre de fabrication malgache (*mizana*), et de poids cubiques en fer poinçonnés par le Gouvernement et correspondant aux subdivisions principales de la pièce de cinq francs qui, je ne sais pourquoi, est appelée *piastre* par les européens et *ariary* par les indigènes.

Voici les noms des principaux poids avec la valeur qu'ils représentent :

Loso = 1/2 *Ariary* = 2 f. 50
Kirobo = 1/4 d'*Ariary* = 1 f. 25
Sikajy = 1/8 d'*Ariary* = 0 fr. 625
Roavoamena = 1/12 d'*Ariary* = 0 f. 42

Avec ces unités, on forme beaucoup de combinaisons dans le détail desquelles je n'entrerai pas. Chose bizarre : pour le *voamena* (0 f. 21), qui est, pour ainsi dire, l'unité de monnaie populaire, celle dont le nom revient à chaque instant dans la bouche des Malgaches, il n'y a pas de poids et on est obligé de mettre d'un côté un *sikajy*, de   autre un *roavoamena*, et de peser par différe::ce. Pour les subdivisions de ce dernier, dont la plus petite est le *variraireuty* (0 f. 007), afin de peser les microscopiques morceaux d'argent correspondant à ces faibles sommes, on se servait autrefois de grains de riz — que le vendeur avait soin de tenir dans la bouche pour les rendre moins légers — ; mais, depuis quelque temps, on a fabriqué des poids en fer de la forme d'un cylindre quadrilobé. Les gens adroits conservent d'autres ressources : l'une d'elles consiste à coller avec un peu de cire un menu morceau de métal sous l'un des plateaux de la balance : pour déjouer ce *truc*, quand l'un des contractants l'exige, après une première pesée, on fait une seconde opération en mettant l'argent dans le plateau qui auparavant contenait les poids, et réciproquement.

Beaucoup de monnaies fausses circulent à Madagascar, surtout dans les petites coupures. Certains morceaux sont en plomb ; et alors, on les reconnaît aux arêtes qui s'émoussent vite ; d'autres en cuivre argenté, et on reconnait ceux-là en les frottant énergiquement contre du bois, ce qui fait apparaître le métal intérieur. — Pour les piastres, comme il s'agit d'une somme importante, avant de les accepter, les indigènes leur font subir des épreuves au toucher, à la vue, au son, à l'odeur ; chaque personne présente dans la boutique, procède au même examen et donne son avis. Aussi, pour faire un achat, ne doit-on pas être pressé.

A Tamatave, on arrive encore à faire accepter des pièces de deux francs ou d'un franc, mais hors de la ville, la monnaie coupée a seule cours. Le change coûte généralement un *roamena* par piastre, et s'augmente de morceaux d'argent faux que les gens du pays, fort retors en ces matières, trouvent moyen de vous glisser. Quant à la monnaie d'or, elle est habituellement refusée. Lorsque par hasard un malgache se trouve en possession d'une pièce de ce métal, il en fait un bijou ponr une femme ou un enfant.

Nous avons passé huit jours à Tamatave. C'est plus qu'il n'en faut pour connaître la ville, mais ce n'était pas trop pour nous occuper des préparatifs de notre voyage. En outre, la saison des pluies s'étant pro longée plus que d'habitude et beaucoup de rivières étant débordées, nous n'avions aucun intérêt à nous hâter outre mesure.

Une expédition dans l'intérieur n'est pas chose commode. Tout — bagages et voyageurs — est transporté à dos d'homme ; aussi lorsqu'on est plusieurs et qu'on a un peu de matériel, faut-il emmener un personnel considérable qu'il n'est pas toujours aisé de recruter.

Autant que possible, les bagages doivent être très divisés. En moyenne, un porteur est nécessaire pour 30 kilogrammes. Les porteurs préfèrent que ce poids soit partagé également en deux pour suspendre chaque partie à l'extrémité d'un bambou placé sur l'épaule. Quand le colis est indivisible, on réunit la charge de deux hommes et on attache le tout au milieu d'un long bambou porté à chaque extrémité. Pour les objets plus lourds, les hommes nécessaires augmentent plus vite que le poids, et, par suite de la difficulté des chemins, ils marchent lentement et péniblement. Dans ces conditions, le transport est très coûteux ; on cite celui d'un piano qui est revenu à 800 francs et qui a duré deux mois ; je dois ajouter que l'instrument est resté quelques jours au fond d'une rivière, mais il était dans une caisse soudée, si parfaitement étanche, que sa justesse n'était pas altérée quand il est arrivé à Tananarive.

Les porteurs ne montrent pas toujours le même respect pour les emballages. Parfois, en effet, on rencontre sur la route un gaillard chargé d'une caisse de zinc vide, avec un compagnon balançant au bout d'un bâton le contenu, distribué en plusieurs paquets, à la mode malgache ; et néanmoins, le colis parvient à destination sans porter trace de dérangement. L'explication de ce mystère se trouve dans l'existence d'un village de ferblantiers, à Ambohimalaza, près de la capitale. Quand ils ont passé sur un ballot et rétabli les choses dans leur premier état, on dirait que personne n'y a touché.

Les poids que j'ai donnés auparavant sont ceux relatifs aux porteurs accompagnant les voyageurs et faisant des étapes de 35 à 45 kilomètres. Pour les marchandises proprement dites, expédiées seules, la charge d'un homme s'élève à 50 kilos, quand elle peut être convenablement divisée en deux parties. C'est environ ce que portent les commissionnaires venant de la capitale avec quatre peaux de bœuf. Réduits à l'état de bête de somme, ils mettent, pour faire le trajet, à peu près vingt jours, et souvent plus quand il pleut, car au moindre nuage ils s'arrêtent dans le village où ils se trouvent, non parce que la pluie gâte la marchandise, mais parce qu'en la mouillant elle augmente son poids. Les porteurs de peaux marchent en s'appuyant sur une sagaie dont l'extrémité, opposée à la pointe, est garnie d'un fer aplati servant à tailler, sur les escarpements, des gradins dans l'argile glissante. Comme le poids serait trop lourd à soulever au moment du départ, on trouve sur le talus de la route, lorsque celle-ci est plus élevée que le sol environnant, des trous où conduit une pente douce ; le porteur s'y laisse glisser et s'y repose, en appuyant, sur la route elle-même, les deux paquets de peaux attachés à son bambou.

Pour les voyageurs. le véhicule adopté est le *filanjane*, instrument de locomotion curieux et méritant une description.

Le filanjane est formé de deux brancards de bois de 3^m20 de longueur et de 0.05 d'équarrissage, reliés à 0^m90 de l'avant et à 1^m30 de l'arrière par des traverses en fer rond fixées au bois par des rivets : une armature en fer, placée dans la partie médiane, soutient une forte toile qui forme un fauteuil avec dossier ; l'étoffe se replie sous le siège et va se fixer par une cordelette à la traverse d'arrière. Un morceau de bois, tenu par deux courroies attachées aux traverses, sert d'étrier pour reposer les pieds. — A l'usage des dames, il existe des filanjanes formés d'un panier rectangulaire peu profond avec dossier et attaché entre deux bambous ; la voyageuse est obligée de tenir les jambes horizontalement. — Un filanjane coûte 20 francs à Tamatave et seulement 12 fr. 50, à Tananarive, centre de la fabrication.

Quatre hommes, deux à l'avant et deux à l'arrière, soutiennent le filanjane. Ceux des extrémités ont chacun un brancard sur la même épaule, et marchent deux à deux, au même pas. Le porteur. qui a la main du côté intérieur libre, tient le poignet de son compagnon en lui passant le bras sous le coude. A des intervalles assez réguliers, de 150 à 200 pas, les porteurs changent d'épaule en faisant passer les brancards au dessus de leur tête ; pour opérer ce mouvement avec ensemble ils emploient un signal qui consiste à frapper avec la main de petits coups sur le brancard ; de même pour changer l'allure et passer du pas au trot ou inversement. — Quand on fait de grands trajets, on emmène six ou huit porteurs qui se relaient même en courant sans que le voyageur éprouve de trop fortes secousses.

La manœuvre du filanjane ou du bambou à bagages occasionne souvent chez les porteurs une déformation professionnelle consistant en une loupe ou une bourse séreuse plus ou moins épaisse au point de l'épaule où repose le brancard. Quelquefois même, les deux loupes arrivent à se rejoindre derrière la tête.

Sur un terrain plat, et au pas, les porteurs de filanjanes parcourent environ 5 kilomètres 500 à l'heure. Cette vitesse est bien dépassée quand ils vont au trot. Avec huit porteurs, on peut faire dans une journée de 45 à 60 kilomètres, et il n'est pas rare de voir des voyageurs opérer le trajet de 380 kilomètres entre Tamatave et Tananarive en six jours. Quant aux porteurs employés comme courriers ou chargés seulement de paquets d'un faible poids, ils ne mettent, paraît-il, que trois jours et demi et on m'a même assuré qu'au moment de la négociation du traité de paix avec la France, un marcheur émérite avait exécuté le trajet, aller et retour, en cinq jours. Récemment, un négociant de Tamatave a parié de faire parvenir quelques douzaines d'huîtres fraîches à la capitale et, si elles n'étaient pas bien succulentes en arrivant, ceux qui en ont mangé sur la côte savent qu'il ne fallait pas l'attribuer à un retard dans le transport.

Le voyageur monté sur le filanjane est assez commodément assis et, avec un peu d'habitude, il arrive à trouver très agréable cet étrange moyen de locomotion. Il gravit les rampes, passe les rivières et traverse les marais sans avoir à craindre aucun accident, car les porteurs ont le pied sûr et, si l'un d'eux tombe ou glisse, son camarade soutient l'appareil ; il fait rarement une chute, et d'ailleurs, grâce à la présence d'esprit et à la vigueur musculaire des brancardiers, celle-ci ne saurait être bien dangereuse. Au commencement, il éprouve — du moins, je parle pour moi — un sentiment pénible à se voir ainsi porté par des hommes, mais il oublie bien vite cette impression mauvaise quand il constate leur gaieté et même le plaisir qu'ils prennent à exercer leur métier. Ils sont toujours à causer ou à rire, soit entre eux, soit avec les camarades qui font le chemin en sens inverse et avec qui ils échangent quelques mots à la rencontre pour se mettre réciproquement au courant des nouvelles de la route. Quand se présente un mauvais passage, chose fréquente à Madagascar, l'animation augmente et quand arrive un petit accident, l'hilarité atteint son comble. Un jour, un de mes porteurs marchant à côté du filanjame se laissa tomber sur un terrain plat et devint le point de mire de plaisanteries et de lazzis, parfois fort comiques, pendant une demi-heure. Souvent les brancardiers dédaignent la route pour escalader les petits accidents de terrain qui sont à côté ; très fréquemment, sans que le voyageur en ait manifesté le désir et puisse voir aucune utilité à ce supplément de fatigue, ils partent au trot et gardent cette allure — pour essayer leurs forces, disent-ils — jusqu'à ce qu'ils soient couverts de sueur. Lorsqu'on est plusieurs et qu'on rentre au logis, on assiste, entre les différents filanjanes, à une lutte de vitesse, et c'est toujours, surtout en ville, l'occasion d'une course folle pendant laquelle le patient se demande s'il arrivera au but avec tous ses membres.

Les porteurs ou *borizany* — corruption du mot français *bourgeois*— comme on les appelle à Madagascar, forment presque une caste à part. En général, ils sont esclaves ou du moins reconnaissent un maître auquel ils remettent une partie de leur gain ou pour lequel ils sont tenus de travailler un certain nombre de jours dans l'année. Conduire des voyageurs ou des marchandises est le seul travail qu'ils aiment et, dans ce dur et pénible métier, ils déploient une force et une adresse souvent considérables. Gravir des pentes sur des rochers ou dans des chemins d'argile glissante, marcher jusqu'aux genoux dans la boue, sauter au-dessus des troncs d'arbres et traverser à gué des rivières tous les kilomètres, tel est leur lot chaque jour, et ils l'acceptent sans murmurer. Ils montrent toujours pour les voyageurs du soin et de la prévenance, cherchent à leur éviter les moindres inconvénients de la route et courent quelquefois de véritables dangers pour leur épargner une gêne. Je n'ai rencontré personne ayant eu sérieusement à se plaindre d'eux.

Parmi les *borizany* comme parmi tous les autres habitants de la côte, apparaissent des types variés, à cause du mélange des différentes races ; en général, ce sont des noirs, plus ou moins foncés, mais avec les cheveux crépus, tandis que les Hovas de l'intérieur possèdent des cheveux lisses. Comme costume, ils portent le *salika*, pièce d'étoffe qui passe entre les jambes et fait le tour du corps ; au-dessus ils placent une sorte de grande camisole avec manches descendant jusqu'aux genoux, en indienne à dessins de couleur sur fond blanc, ou en grossière rabane du pays. Enfin, dans les circonstances un peu solennelles, ils recouvrent le tout du *lamba*, pièce de coton généralement blanche qui constitue le véritable costume national ; les naturels en rejettent un coin sur l'épaule, les hommes à gauche, les femmes à droite. Quand ils voyagent, ils placent le lamba avec quelques menus objets dans un petit sac suspendu au cou, derrière le dos et sous la chemise ; aussi, quand ils se courbent en marchant, semblent-ils avoir une bosse comme les bœufs du pays. La partie esthétiquement défectueuse du costume est le chapeau de paille, d'une forme bizarre : tantôt carré au sommet, tantôt rond, mais toujours plus large en haut que près des bords.

Pour le voyage de Tamatave à Tananarive, les porteurs se paient à forfait, le prix variant suivant les époques. En 1889, vers le commencement de la saison sèche, il était de 15 fr., plus 2 fr. 50 pour la nourriture. La seconde partie de cette somme est versée au départ ou mieux, pour éviter les défections, après le passage des plus prochaines rivières, généralement à Andovoranto. Il est aussi d'usage d'offrir aux porteurs du manioc ou des patates au milieu de la course du matin, et de la viande une ou deux fois pendant la route. Si, à l'arrivée, on ajoute un *voamena* au prix convenu, le voyageur est hautement considéré.

A Tamatave, les porteurs sont étendus sur le sable le long de l'avenue N° 1 ou près du port en attendant la pratique. Veut-on les appeler? on sort de sa case et on crie: *Borizany! borizany!* Ils surgissent alors en grand nombre. Pour une petite course, on accepte les premiers venus, mais pour un voyage de quelque longueur, les hommes doivent être mieux choisis. On cherche d'abord un bon *commandeur*, ou chef des porteurs, chargé de recruter et de surveiller le personnel dont il est jusqu'à un certain point responsable. Le commandeur touche la même solde que ses subordonnés, mais je présume qu'il se fait donner quelque chose par eux au moment de l'engagement. Son seul avantage apparent est de ne rien porter ou de ne porter qu'un de ces objets qui, tels qu'un fusil, montrent la supériorité de son rang.

Nous employâmes ce second procédé, et le lundi 18 mars, à cinq heures du matin, la cour du Grand-Hôtel — qui ne rappelle que très imparfaitement celle de l'établissement parisien du boulevard des Capucines — était remplie par nos hommes. Nous avions eu la chance de trouver un commandeur intelligent et dévoué qui les avait triés avec soin ; à notre grand étonnement, il nous avait remis une liste calligraphiée par lui, contenant le nom de chaque porteur, celui de son maître et le village qu'il habitait. Nous n'avions donc plus qu'à répartir les charges et pendant que Catat, armé non d'une balance comme la Justice, mais d'un peson, les égalisait autant que possible, j'inscrivais le résultat des opérations afin de pouvoir retrouver nos colis sous les feuilles de ravinala dont ils allaient être enveloppés dans le but de les protéger contre la pluie. Avant d'être accepté, chacun des colis était examiné, palpé dans tous les sens, soupesé et, après des modifications innombrables suivies de quelques minutes de réflexion, le porteur se décidait à prononcer le petit grognement qui, en malgache, correspond au mot *oui*. Tout allait donc pour le mieux quand, subitement, une sourde rumeur se répandit dans notre troupe ; les porteurs venaient d'apprendre qu'au lieu de rester six jours pour faire la route comme les voyageurs ordinaires, nous avions l'intention d'en mettre dix, temps nécessaire à nos observations et à nos recherches ; en con-

conséquence, ils réclamaient une augmentation. Cette demande était prévue. Pour y faire droit, nous proposâmes, soit de nourrir les hommes après le sixième jour, soit de leur donner, à forfait, 20 fr. au lieu de 17 fr. 50, avec la faculté pour nous de les garder deux semaines. Alors commença un *kabary* (c'est-à-dire un colloque) long et agité dans lequel chacun donna son avis. Au bout d'un quart d'heure, un cri unanime nous fit savoir que la seconde proposition était ratifiée par le suffrage populaire. Cette négociation ayant pris du temps, nous renonçâmes à partir le matin et déjeunâmes à Tamatave avec d'autant plus de plaisir que nous avions devant nous la perspective d'un grand nombre de repas imparfaits.

Enfin, à dix heures et demie, tout est prêt. Nous faisons nos adieux aux quelques personnes qui sont venues voir notre départ. Nous montons en filanjane. Au bout de peu de minutes, nous avons dépassé les dernières cases de Tamatave et nous prenons la route de la capitale.

Ce mot de route éveille dans les imaginations françaises l'idée d'une voie de largeur uniforme, avec un sol pavé ou empierré, des fossés pour l'écoulement des eaux, des pentes régulières, des courbes savamment tracées et des ponts pour traverser les rivières, sans compter le nombreux personnel qui, depuis le cantonnier jusqu'à l'ingénieur en chef, surveille des tas de cailloux en forme de pyramides tronquées disposées sur les côtés. Rien de pareil à Madagascar : la route n'est pas même un sentier, c'est simplement une piste plus souvent parcourue que les parties environnantes et où l'herbe se montre plus rare. On franchit tous les accidents de terrain, on tourne à angle droit quand l'occasion s'en présente ou même sans motif, on traverse les ruisseaux et les marais à gué sans être bien sûr qu'on ne se noiera pas dans l'eau ou dans la vase. Quand un arbrisseau pousse au milieu du chemin, on le respecte et on fait un détour ; de même si un arbre est tombé en travers, avec cette seule différence que, suivant l'élévation de l'obstacle par rapport au sol, les porteurs, s'ils ne trouvent pas de place à côté, sautent au-dessus ou passent par-dessous en rampant, ce qui oblige les voyageurs à mettre la tête entre les genoux. Pour le trajet entre Tamatave et Andovoranto, qui s'opère sur un terrain presque plat, ces manœuvres n'offrent pas de grands inconvénients, mais au-delà la prétendue route est indescriptible.

On comprend que, dans de telles conditions, il soit difficile de marcher en ordre serré. Aussi notre colonne s'allonge-t-elle indéfiniment. Un peu partout, en avant et en arrière, les porteurs de bagages, suivant leurs forces ou leur fantaisie, marchent, trottent ou se reposent à côté des colis. A l'avant-garde, notre cuisinier, en élégant veston blanc et petit chapeau de paille, tient des deux mains sa canne horizontalement derrière la tête et semble se promener ; c'est un natif de Sainte-Marie ayant appris les principes de son art sur un navire de guerre et ayant déjà fait plusieurs voyages à Madagascar, dont il connaît tous les villages au point de vue culinaire. Il est d'un noir d'ébène, mais comme il possède la qualité de citoyen français, et connaît assez bien notre langue, il dit *nous* en parlant des blancs. Avec lui s'avancent nos domestiques chargés de légers colis et toujours hors de la portée de la voix quand nous avons besoin d'eux. Nos trois filanjanes forment le centre de la caravane. En tête, notre commandeur Rainivoavy se distingue par un fusil Winchester que nous lui avons confié, et la sagaie, insigne de ses fonctions. Derrière lui, marchant à la file, les douze brancardiers inoccupés ; quand ils doivent se substituer à ceux qui portent, ils s'arrêtent de chaque côté du chemin, saisissent le filanjane au passage et permettent à leurs prédécesseurs déchargés d'aller en trottinant prendre la place qu'ils viennent d'abandonner. Le docteur Catat, qui s'occupe spécialement de la direction générale et des observations sur la nature du sol, est en avant. J'arrive après lui, et, d'après les indications d'un baromètre anéroïde, je note les accidents de terrain : jusqu'à Andovoranto, c'est une sinécure, mais je me suis bien rattrapé depuis. Comme je me trouve être le plus léger par le poids, sinon par le caractère, on m'a donné une surcharge ainsi qu'aux chevaux de course : c'est le chronomètre, dont la boîte cubique, munie de coussins de cuir pour amortir les chocs qui dérangeraient la marche de l'instrument, fait un singulier effet derrière le dossier de mon siége. A l'arrière-garde, tout en prenant les directions qui permettront de tracer exactement l'itinéraire, notre compagnon Maistre surveille les traînards.

Pendant deux heures, nous voyageons au milieu de broussailles poussant dans le sable ; nous traversons plusieurs villages de peu de cases et, à midi et demi, nous sommes sur les bords de l'Ivondro dont la bouche communique avec les lacs portant les noms de Nosy-Vé et Sarobakina. Trois pirogues de 8 m. de longueur et de 0 m. 60 de largeur nous conduisent de l'autre côté avec nos bagages. Les porteurs saisissent les pagaies, se placent à l'avant et frappent l'eau successivement à droite et à gauche, tandis que le Malgache préposé au passage dirige au moyen d'une autre pagaie qu'il manie de l'arrière ;

il commande aussi les mouvements, en sifflant sur un ton très bas. Pour frapper en cadence, les hommes entonnent successivement plusieurs chansons, et je trouve cette musique populaire bien supérieure à celle que j'ai entendue la veille, dans un petit concert donné par la musique du gouverneur de Tamatave au résident. Certes, j'ai souvent entendu écorcher la *Marseillaise*, mais jamais au même degré que par l'orchestre hova.

Après vingt minutes de traversée sous un soleil de feu, nous arrivons à Ambodisiny (1) (*any*, où ; *vody*, fond ; *siny*, cruche) ; village d'environ 60 cases, et nous sortons nos balances pour peser un kirobo (1 fr. 25) par embarcation. Nous laissons les hommes se reposer un peu et nous profitons de cet arrêt pour aller visiter le récipient qui a donné son nom au village. Au premier abord, cette cruche semble des plus vulgaires et ne présente d'autre particularité que celle d'être à la fois d'un volume considérable et cassée. Mais elle possède une légende, car, à ce qu'on dit sur la côte, elle serait le gobelet d'un géant nommé Darafify. Ce colosse possédait deux femmes auxquelles les lacs Nosy-Vé et Sarobakina servaient de baignoires ; et il but dans ce gobelet de 1ᵐ,10 de hauteur jusqu'au jour où, en luttant contre un de ses confrères, il perdit sa dextre puissante qui, jetée à la mer, y forma l'île Fongue. Quant à la cassure, elle provient d'un coup de fusil tiré, voici quelques années, par un Anglais peu respectueux des croyances du pays qu'il visitait et qui mourut de la fièvre deux jours après. Loin d'imiter cette conduite indélicate et d'ajouter une seconde cassure à la première, je me suis contenté, en voyageur consciencieux, de tracer un croquis de la cruche ; mais je dois dire que deux têtes de bœuf, mises en guise d'*ex-voto* sur une perche et achevant de pourrir à côté de mon modèle, m'ont fait, par l'odeur qu'elles répandaient, hâter plus que de raison ce relevé artistique.

A trois heures, nous repartons d'Ambodisiny et nous continuons notre route au milieu de fougères, d'arbres clairsemés parmi lesquels beaucoup de *filaos* dont les feuilles, agitées par le vent, rendent un son caractéristique. A quatre heures, nous sommes à Andranomamy (*any*, où ; *rano*, eau ; *mamy*, douce), et, à cinq, nous arrivons à Ankarefa (*any*, où ; *harefa*, jonc), où nous devons coucher.

---

(1) Dans les mots composés malgaches, les mots composants éprouvent quelques modifications ; certaines syllabes finales disparaissent et la lettre initiale du mot qui suit est changée : *h* en *k* ; *s* en *ts* ; *l* en *d* ; *v* en *b* ; *f* en *p* ; *r* en *dr*.

L'installation d'un voyageur dans un village malgache n'est pas compliquée, à la condition qu'il apporte tout ce qui lui est nécessaire. Il choisit la plus belle case, y entre et prie le propriétaire de laisser la place libre ; en général, il ne rencontre aucune objection. Après avoir étendu des nattes propres sur le plancher, le propriétaire serre quelques objets et emporte chez un voisin la marmite où cuit le riz de la famille. En deux minutes son déménagement est opéré et il ne reparaît que le lendemain matin, à l'heure du départ, pour recevoir non le prix de la location, cela ne serait pas conforme aux lois de l'hospitalité, mais un cadeau variant de 0 fr. 25 à 1 fr. 25, somme d'argent que l'on accompagne d'un *veloma !* (vivez !) comme souhait d'adieu. Nous avions quelquefois peine à retenir un sourire en faisant notre cadeau, car, après avoir fixé une somme arbitraire, mais suffisante d'après l'usage , je pesais scrupuleusement nos petits morceaux d'argent avec toute l'exactitude que comportent les instruments malgaches, sous l'œil anxieux du maître de la maison.

Les cases malgaches, du moins sur cette partie de la côte, se montrent, en général, assez propres. Elles sont rectangulaires et couvertes par un toit à deux versants en roseaux, soutenu à la partie supérieure par un faîtage reposant sur deux poteaux placés au milieu des pignons. Quelques autres perches forment la carcasse de l'édifice dont les parois sont en côtes de ravinala. Le plancher est établi sur des pieux fichés dans le sol et il est formé d'écorces d'arbres recouvertes de nattes. Des portes glissant entre des traverses obstruent les ouvertures. Dans un coin de la case se voit un âtre carré en terre dans lequel sont enfoncées quelques pierres pour placer les marmites ; au-dessus est un châssis en bois (*salaza*) servant à fumer la viande ou le poisson. Comme il n'y a pas de cheminée, les produits de la combustion sortent, s'ils le peuvent, par la porte ou par les fissures du toît ; de telle sorte qu'au bout de quelques heures passées dans une case malgache, le voyageur est fort boucané. Il a, en revanche, l'avantage de ne pas être mordu par les insectes.

Comme ameublement, on trouve quelques nattes, un nombre généralement respectable de marmites en fonte, quelques *lenles* ou paniers en jonc pour les menus objets et la provision de riz, plus, dans un coin , des bambous creux de 3^m de longueur pour aller chercher l'eau : avec un récipient aussi peu maniable, les naturels doivent se mettre deux pour emplir un gobelet. Les assiettes et les verres représentent une civilisation trop raffinée et sont rares ; on y supplée par des feuilles de ravinala qu'on étend à plat ou qu'on plie en forme de cornet : on évite ainsi la peine de laver la vaisselle.

Les cases sont distribuées assez irrégulièrement à droite et à gauche d'une rue principale continuant la route et quelquefois sur plusieurs rangs. Les villages paraissent souvent plus importants qu'ils ne le sont réellemeut par suite de l'existence de cases détériorées et abandonnées que les Malgaches aiment mieux remplacer que réparer. Une seule construction se distingue des autres : c'est une petite case très basse, sans parois, servant d'abri pour la boucherie. Autour du village, on aperçoit quelques bananiers, des champs de manioc ou de patates, souvent de café. Il faut aller beaucoup plus loin dans l'intérieur pour trouver les rizières.

A titre de ressources alimentaires, on trouve partout du riz, quelquefois du bœuf ou du poisson et toujours des poules (de 0 fr. 20 à 0 fr. 30). Aussi le repas consiste-t-il ordinairement en une combinaison du premier et du dernier de ces éléments, et ce que nous avons mangé de poules au riz pendant notre séjour à Madagascar est-il incalculable ! Le pain manque, le vin aussi, et comme nous n'en avions pas emporté, pour éviter d'absorber l'eau infecte des marais, ce qui est un sûr moyen d'attraper la fièvre, nous faisions un thé léger. Cette hygiénique boisson n'était pas, toutefois, sans inconvénients, car, faute de temps, nous étions souvent obligés de l'avaler tellement chaude que nous nous trouvions bientôt humides de transpiration et semblables à des alcarazas. Du reste, nous nous conformions presque ainsi aux habitudes du pays, les Malgaches prenant, après leur repas, le *ranon' ampango*, eau qui a bouilli dans la marmite avec la croûte du riz, et absorbant ce breuvage à une température très élevée.

Notre premier repas dans une case malgache fut égayé par la présence d'un de nos aimables compatriotes, arrivé à Ankarefa peu de temps après nous : c'était M. Estève, directeur du Bureau télégraphique de Tamatave, qui se rendait aux environs d'Andovoranto pour une réparation du fil. M. Estève, qui a plusieurs années habité Lille comme employé des télégraphes, a établi, en 1888, au milieu de mille difficultés, la plus grande partie de la ligne reliant Tamatave à Tananarive ; elle suit à peu près la route et presque tout le temps on voit les poteaux dont quelques-uns ont poussé depuis leur plantation, de sorte que l'isolateur disparaît au milieu des touffes de verdure. L'état normal de cette ligne est d'être interrompue : tantôt, c'est le vent ; tantôt, la crue d'une rivière qui renverse un support ; tantôt, c'est la malveillance qui cause une dégradation. Les indigènes disent que le fil attire l'orage et nous les avons entendus plusieurs fois émettre cette opinion ; comme l'idée d'établir un rapport, même faux, entre le télégraphe et l'électricité atmosphérique nous semblait trop scientifique pour avoir spontanément germé dans un cerveau malgache, nous en avons recherché l'origine et nous avons appris qu'elle avait été répandue par les missionnaires anglais : dans leur désir de diminuer, par tous les moyens, l'influence française, ils ne seraient pas fâchés de voir disparaître une voie de communication que nous avons créée.

M. Estève devant partir de bonne heure le lendemain matin, nous le quittons après une promenade dans la rue déserte du village et nous lui donnons rendez-vous pour le surlendemain à Tanimandry. Nous allons nous étendre sur nos lits démontables, jusqu'à 4 h. 1/2 du matin. On fait alors les préparatifs du départ, et, à 6 heures, nous sommes en route. A peu de distance, nous trouvons un marais que nous commençons par côtoyer et que nous traversons ensuite. Précédés du commandeur qui sonde la profondeur de l'eau avec sa sagaie, nos hommes ont de la vase jusqu'au-dessus des genoux. Le marais est parsemé d'arbres vivants ou morts et ceux-ci, avec leur carcasse blanchie se détachant sur le ciel bleu, donnent au paysage un aspect tout particulier de sauvagerie; beaucoup de ces squelettes végétaux sont renversés et l'on doit, ou sauter par dessus, ou marcher sur leurs membres desséchés qui se brisent au moindre effort.

Nous sortons sans encombre de ce chemin aquatique et, vers 7 h. 1/2, nous nous arrêtons à Tranomaro (*trano*, maison ; *maro*, beaucoup). Ou ce village a été ainsi nommé par antiphrase, ou il a été ravagé par une catastrophe dont l'histoire n'a pas conservé le souvenir, car actuellement, il possède tout juste quatre cases. Dans l'une d'elles cuit à petit feu une immense marmite de manioc dont nos porteurs ont bientôt achevé d'engloutir le contenu.

Ainsi lestés, ils se remettent en marche et nous font parcourir un chemin sinueux plus agréable que le précédent ; la route est de sable fin et de tous côtés , au milieu de l'herbe courte, s'élancent des bouquets d'arbres au feuillage varié dont la verdure s'égaie des teintes vives de quelques fleurs. On se croirait dans un jardin anglais ; il n'y manque pas même les arbres morts que les créateurs du genre avaient soin de placer dans leurs paysages pour les rapprocher de la nature. Nous allons ainsi jusqu'à Tampolo, où nous passons la rivière du même nom, puis nous entrons dans un bois de vacoas et de filaos ; nous longeons une lagune parcourue par quelques pirogues, et, vers 10 heures 1/2, nous arrivons à Antranokoditra où nous déjeûnons dans une case très propre. Nous sommes dans un village de pêcheurs ; les hommes vont poser des filets ou des nasses dans la lagune, les femmes fument le poisson sur le *salaza* ou tressent des nattes avec les joncs ; à côté de nous, sous l'auvent d'une case, des fillettes font, avec différentes plantes dont elles combinent les pétales et les corolles diversement colorées, des fleurs d'un nouveau genre et d'un gracieux effet ; les guirlandes et les touffes qu'elles se mettent aux oreilles offrent le charme particulier des choses artificielles et me rappellent les couronnes étranges dont Rarahu, la petite femme de Loti, s'ornait la chevelure les jours de fête à Papaëte.

En repartant à une heure et demie, nous suivons la langue de sable qui sépare la lagune de la mer et qui devient de plus en plus étroite, en même temps que la maigre végétation de plantes traçantes, dont elle est couverte, devient plus rare. A trois heures et demie, nous passons l'Irangy dont l'eau, soulevée par les pagaies des pirogues, est aussi foncée que du thé fort, par suite des nombreux végétaux qui pourrissent dans son lit. Quelques minutes après, nous traversons Ampanoto-maizina (*any* où ; *fanolo*, pilon ; *maizina*, obscur), village d'une trentaine de cases dont le nom bizarre vient, racontent les habitants, de ce que, les voyageurs y arrivant généralement tard, l'instrument avec lequel on pile le riz dans un mortier pour le décortiquer est à ce moment presque invisible. Le soleil brillant encore d'un vif éclat, nous poursuivons notre route sans vérifier ce phénomène qui ne doit pas être particulier au lieu dans lequel nous passons, et, à 5 h. 1/2, nous atteignons Vavony (*Vava*, bouche, *ony* rivière) où nous nous installons pour la nuit dans une case tenue assez correctement, mais qui, par malheur, sert de refuge à un trop grand nombre d'animaux domestiques. La nuit, je me réveille et, à la tremblante lueur du fanal que nous conservons en cas d'alerte, j'aperçois avec stupéfaction toute une famille de chats installée sur la couverture de Catat et une poule juchée à la tête du lit de Maistre.

Le lendemain, au point du jour, nous nous séparons : Catat qui, en sa qualité d'ancien officier de marine, est blasé sur la navigation, prend la voie de terre et suit l'étroite bande qui sépare la mer de la lagune de l'Imasoa, pendant que Maistre et moi nous embarquons dans une pirogue pour la parcourir. Vers six heures, après beaucoup de retard, nous partons et nous suivons la rive gauche couverte de vacoas à racines extérieures ; la rive droite est différente d'aspect : les berges, formées de sable blanc et jaune, sont assez élevées, éboulées en partie et couvertes d'arbustes. Notre pilote est un gamin de neuf ans qui nous inspirerait peu de confiance si la lagune était dangereuse ; elle est seulement désagréable par suite de son peu de profondeur et, plusieurs fois, nos hommes, qui font office de pagayeurs, sont obligés d'interrompre leurs chants et de descendre dans l'eau pour alléger notre pirogue et de lui faire passer les hauts fonds. Après deux heures d'une navigation ainsi parsemée d'échouements, nous arrivons à Andavaka-menarana (*Any*, où ; *lavaka*, trou, *menarana*, serpent) où Catat a passé la rivière un quart d'heure auparavant. Je m'engage à sa suite et mes porteurs prennent leur plus vive allure pour me faire traverser un marais où croupissent, au milieu d'une eau pestilentielle, sans écoulement et brune comme du café, des feuilles et des plantes aquatiques ; je ne sais s'ils veulent se soustraire rapidement aux miasmes paludéens ou s'ils craignent les atteintes de quelque saurien caché dans les herbes, mais quand je leur dis, dans un langage aussi concis que le comportent mes faibles connaissances en malgache, d'aller plus doucement, ils répondent qu'ils ne sont pas fatigués, bien qu'ils ruissellent de sueur. Je n'insiste pas, ce qui me vaut d'être rapidement sur un terrain plus salubre, au milieu d'une jolie clairière où je rejoins Catat ; nous nous asseyons sur l'herbe et nous mangeons quelques fruits sauvages que nous apportent nos hommes. Maistre arrive à son tour ; nous partons et après avoir traversé une lande de sable blanc, nous arrivons à dix heures et demie à Andovoranto. C'est une ville de ressources : nous y trouvons, — en même temps qu'une case garnie d'un lit, de chaises, d'un lavabo — les éléments d'un bon déjeuner, avec quelques bouteilles de bière pour l'arroser.

En face de nous s'agite, hissé sur un mat, le pavillon de la reine. Le drapeau est blanc avec un rectangle rouge dans un coin et, en diagonale, les lettres R. M. qui signifient *Ranavalo Mpanjaka* également en rouge. A côté, une haute perche pointue sur laquelle on enfile des têtes de bœufs les jours de fête ; dans le voisinage, plusieurs magasins à riz élevés de trois mètres au-dessus du sol sur des colonnes en bois remarquables par l'aspect singulier du chapiteau, large avec un dessous affectant la forme d'un entonnoir très aplati ; cette disposition empêche les rats d'arriver jusqu'au grain et réjouirait la vue d'un architecte de l'école rationaliste. — Un peu plus loin, sur une avenue, la mission protestante, une école malgache et une maison habitée par le gouverneur de la province quand il peut quitter Tanimandry, sa résidence officielle.

Andovoranto (*any* où ; *lovoka*, baie ; *rando* commerce) est une des plus importantes villes de négoce de la côte Est. Les rues sont bordées de boutiques dont beaucoup ont pour propriétaires des Indiens Malabares ; on y trouve tous les articles indigènes, et quelques objets européens. La ville possède même une certaine industrie, si on peut appeler ainsi la fabrication des objets en nattes, des rabanes et des lambas. En nous promenant, nous voyons les métiers en activité, ainsi que la préparation des fibres de *rofia*. Celle-ci se fait en enlevant rapidement avec un couteau la partie verte constituant les parois externes des fragments de la feuille. Dans un autre ordre d'idées, nous apercevons un maki, charmant petit animal qui vit dans les forêts ; il ressemble au singe, mais en mieux et n'a pas comme lui sur le corps certaines parties chauves ; le museau est allongé ; la robe, très douce, est gris-brun ; et la queue, de plus de 40 centimètres, ressemble aux boas que les femmes portent l'hiver dans notre beau, mais froid pays de France, et qu'elles portaient peut-être encore au moment où, bien loin d'elles, j'écrivis les lignes qui précèdent, en avril 1889. On avait mis la maki sous une couverture et on l'enfumait avec quelques tisons : il paraît que c'est une méthode infaillible pour l'apprivoiser ; si on ne le juge que par ses résultats, elle est excellente car, au bout de quelque temps de captivité, ces petits lémuriens sont familiers et caressants.

Certains auteurs ont surnommé Andovoranto la *Capoue malgache ;* je ne sais si l'assimilation est justifiée et, quoi qu'il en soit, nous n'avons pas eu le temps de nous endormir dans ses délices, car à quatre heures, après avoir payé aux porteurs l'avance correspondant à la nourriture pour leur permettre d'acheter quelques provisions, nous nous dirigeons avec eux sur les bords de l'Iaroka sans qu'ils manifestent trop de regrets de ne point passer une soirée dans la ville aux multiples séductions. La traversée de la rivière près de son embouchure dure longtemps, bien qu'elle ne soit que de quelques centaines de mètres ; c'est que nous ne trouvons qu'une pirogue et sommes obligés, à cause de nos nombreux bagages, de faire plusieurs voyages. Arrivés de l'autre côté, nous remontons en filanjane, et vingt minutes après, nous nous trouvons devant Tanimandry dont un étroit ruisseau nous sépare seul. Pour compenser sa faible largeur, il est assez profond et n'offre pas de moyen commode de passage, car on ne saurait donner ce nom à une mauvaise pirogue faisant eau de toutes parts et à moitié échouée dans les roseaux. N'ayant pas le choix, nous nous résignons et, moyennant un morceau d'argent presque invisible à l'œil nu, quelques jeunes indigènes, qui prennent leurs ébats au fil de l'eau dans une tenue plus que sommaire, remettent l'embarcation en état : avec des feuilles de ravinala, ils la vident ; avec un peu de rofia, ils bouchent les plus grandes fissures, et nous passons, non sans crainte de voir tout chavirer. En effet, nos bagages, haut perchés à cause de l'étroitesse de la pirogue, élèvent plus qu'il n'est convenable le centre de gravité et notre équilibre peut, sans exagération, être qualifié de fort instable.

Rien ne nous retient plus et nous pénétrons dans les murs en terre de Tanimandry (*lany*, terre, *mandry*, qui dort) par une étroite ouverture. Au milieu de la rue principale, nouvel arrêt : un troupeau de bœufs à bosse, dont chacun des membres possède une paire de cornes d'une longueur inquiétante, nous barre le chemin. Nos porteurs hésitent un peu, puis ils se décident et s'élançant avec nous, en poussant des cris perçants, au milieu de l'obstacle vivant qui détale par les ruelles et jette un peu de désordre dans la paisible cité. Après le premier moment de stupeur causée par cette manœuvre hardie, quelques ruminants rébarbatifs font mine de nous poursuivre ; mais ils sont distancés par nos porteurs qui nous déposent bientôt au bureau du télégraphe où nous devons passer la nuit.

Peu de minutes après notre arrivée, le sous-gouverneur de Tanimandry se présente à nous avec un aide-de-camp porteur de deux poules comme cadeau de bienvenue ; le motif de cette générosité est le désir qu'il éprouve d'obtenir une consultation du docteur Catat, car il souffre de la fièvre, d'une surdité obstinée et aussi de la vieillesse qui, à Madagascar comme ailleurs, n'est pas la moindre des maladies ; outre une ordonnance, on lui donne de bonnes paroles et il se retire satisfait. Mais ce premier client du monde officiel a suffi pour établir dans le pays la réputation du médecin blanc et, jusqu'au dîner, il est assailli. M. Estève vient le délivrer et passe la soirée avec nous ; il a réparé la ligne d'un côté, mais elle est interrompue de l'autre, quelques Malgaches ayant trouvé ingénieux de s'atteler à une corde attachée à des poteaux pour les renverser et couper plus aisément le fil.

Après le diner, nous faisons une promenade au clair de la lune dans les rues de Tanimandry ; c'est une ville administrative et militaire placée à côté d'Andovoranto, la ville commerçante. On rencontre beaucoup de soldats qui traînent là une existence misérable.

Quand je dis *soldats*, c'est une façon impropre de m'exprimer, car au service du gouvernement hova, le militaire est encore moins riche qu'à celui de l'Autriche. Ne touchant aucune espèce de solde, il n'est pas même nourri. Il n'a que la ressource de cultiver autour de sa case, de commercer un peu en demandant un congé de temps à autre, ou de faire travailler ses esclaves. Ceux-ci ne sont pas sujets au recrutement, mais ils accompagnent leur maître partout, même à la guerre, pour le servir et ramener son corps s'il est tué.

Le lendemain, après avoir fait nos adieux à M. Estève qui nous a généreusement donné l'hospitalité et après avoir apporté quelques modifications à l'arrangement de nos bagages pour avoir mieux à notre portée ceux qui nous sont nécessaires, nous partons à sept heures et nous sommes bientôt à l'entrée d'un long marais qu'il faut traverser. Le passage étant difficile, Catat reste en arrière pour surveiller le défilé de la troupe et je marche en tête ; mes porteurs commencent par entrer dans l'eau au milieu des joncs et ont de la peine à trouver la bonne voie ; bientôt l'entourage change et nous sommes dans un bois tout en continuant à marcher dans l'eau. Comme, à partir de ce point, la route naturelle serait tout à fait impraticable à cause de la profondeur de l'eau — variant entre soixante centimètres et un mètre, sans compter les trous plus profonds assez nombreux — on a placé, dans le sens du chemin, des troncs d'arbres reposant sur le sol mouvant formé par les débris organiques flottant à demi. Autrefois, il y avait partout deux ou trois morceaux de bois à côté les uns des autres, mais souvent il n'en reste qu'un. C'est sur cette étroite et glissante voie que les porteurs circulent avec une difficulté inouïe, les bois étant couverts de moisissures et ne fournissant pas un point d'appui bien solide : quand il n'y a qu'un tronc d'arbre, les quatre porteurs marchent à la file entre les brancards et tiennent le voyageur en équilibre ; quelquefois un tronc pourri se rompt et un porteur tombe à l'eau d'où il se retire péniblement ; les autres soutiennent le filanjane et laissent celui qui est tombé se débrouiller comme il le peut. Pour agrémenter encore la route, elle est barrée en plusieurs points par des arbres couchés obliquement qui obligent à faire descendre le filanjane au niveau de l'eau.

Le soleil a peine à pénétrer dans ce bois aux frondaisons élevées ; l'air n'y circule pas et s'y charge d'humidité. Des plantes aquatiques aux feuilles larges et d'un vert foncé poussent de tous côtés au milieu des arbres morts et déracinés qui, en pivotant autour de leur base, ont tout renversé autour d'eux. L'eau croupissant dans ce marécage est noire et couverte d'une croûte verdâtre. Rien ne trouble le silence de cette solitude que le bruit d'une branche pourrie qui se rompt ou le cri rauque et monotone de quelques grosses grenouilles.

La traversée du marais de Tanimandry dure quarante minutes environ, et si je suis arrivé à l'extrémité de ce bourbier sans y tomber j'ai été souvent bien près de le faire. Après en être sorti, je monte sur une petite éminence et, les porteurs se trouvant très fatigués des efforts qu'ils viennent de faire, je m'arrête avec eux pour attendre mes compagnons. Ceux-ci arrivent bientôt sains et saufs mais pas complètement secs, l'un d'eux ayant pris un demi-bain de siége par suite d'une glissade simultanée de deux de ses porteurs. Les bagages viennent ensuite nous rejoindre et tout le monde fait halte un instant.

Profitons de ce que notre troupe prend un repos bien mérité après les rudes efforts de ce début de journée, pour jeter un coup d'œil d'ensemble sur la région que nous venons de traverser depuis Tamatave ; car nous allons commencer la seconde partie du trajet, bien différente de la première à tous les points de vue. En effet, nous avons marché au sud-sud-ouest et nous allons maintenant nous diriger vers l'Est ; nous étions sur le bord de la mer et nous allons nous enfoncer dans les terres ; le sol était plat et il va devenir très, je dirai même, trop accidenté.

Toute la partie de la côte entre Tamatave et Andovoranto est évidemment de formation récente ; elle est constituée par des dunes peu élevées et fixées actuellement par la végétation ; on n'y trouve que du sable ou de l'argile sablonneuse amenée par les cours d'eau. Les détritus qu'ils ont chariés se sont déposés, en arrivant dans la mer, suivant des cordons littoraux dont l'ensemble est continu et presque en ligne droite, disposition qui provient de l'existence d'un courant allant au sud parallèlement à la côte. Par suite de l'existence de ces cordons littoraux, les fleuves n'ont plus d'écoulement direct dans la mer et, avant de s'y jeter, ils suivent la côte en y formant des lagunes. La route traverse la langue de sable qui sépare ces lagunes de la mer et qui est très étroite, 500 à 600 mètres en général et souvent beaucoup moins, langue de sable interrompue seulement par les ouvertures percées çà et là par le trop-plein des eaux.

Les lagunes dont nous parlons ont leur fond plus bas que le niveau de la mer, de sorte que l'eau y est saumâtre et que, dans la saison sèche, lorsque le débit des rivières diminue, elle y devient stagnante. Ces lagunes forment une ligne presque ininterrompue et soit sur elles,

soit sur les rivières, les pirogues peuvent naviguer à l'intérieur parallèlement à la côte sur une très grande longueur. De Tamatave en
suivant le Manangarèse, elles communiquent, au moins pendant la
saison des pluies, avec le Rano-Mainty qui se jette dans l'Ivondro ; à son
embouchure est un estuaire où aboutit un large canal d'écoulement des
eaux des lacs Nosy-Vé et Sarobakina ; de là on n'est séparé que par
un isthme étroit de l'Irangy qui suit la côte pendant une vingtaine de
kilomètres jusqu'au lac Mangoaka. Viennent ensuite les lacs Rano-
Masoa et Rasoa-Bé, puis l'Imasoa et une autre rivière qui se jettent
dans l'Iaroka près d'Andovoranto.

Malgré la végétation palustre qui y pousse et malgré leur faible profondeur, les lagunes et les rivières sont navigables pour les pirogues ;
les chemins terrestres sont, au contraire, si peu commodes que beaucoup de marchandises doivent être ainsi transportées par eau. En
certains points, les rivières communiquent entre elles par des marais
inondés, au moins pendant une partie de l'année ; dans d'autres, on rencontre des isthmes, ou *panalana*, dont le percement serait plus facile et
moins coûteux que celui de l'isthme de Panama, mais que, malgré les
avantages qu'ils y trouveraient, les Malgaches laissent à l'état naturel.
Ils ne sont pas, du reste, embarrassés pour si peu : le temps n'ayant
qu'une médiocre valeur pour eux, quand la pirogue chargée de marchandises arrive à l'un des isthmes, on la vide ; on porte par terre contenant et contenu jusqu'à l'autre cours d'eau ou à l'autre lagune, et on
continue le voyage.

Toute cette région appartient à la province des Betsimisarakas, qui a
pour limite l'Iaroka ; de l'autre côté est celle des Betanimenas que
nous allons traverser et qui s'étend vers l'Est, dans la direction de la
capitale, Tananarive.

Après la rude traversée du marais de Tanimandry, nos *boryzany*
avaient droit à un repos. Ils firent donc diligence vers les cases auprès
desquelles nous nous étions arrêtés, espérant y trouver le manioc
qu'on cuit chaque matin dans tous les lieux de la route où les voyageurs font halte. Quelle déception ! les marmites étaient fumantes
encore, mais absolument vides : des porteurs de peaux de bœufs venus
en sens inverse étaient arrivés les premiers et avaient absorbé toute la
provision. Nos gens contemplèrent un instant, d'un œil mélancolique,
la vaisselle veuve d'aliments ; puis, soudain, ils ressaisirent leurs colis
vivants ou inanimés et se dirigèrent vers des collines sablonneuses
couvertes de plantes herbacées et de fougères.

Ce sont d'anciennes dunes fixées maintenant par la végétation. D'une forme arrondie, toujours la même, elles se succèdent sans ordre. Dans les creux que laissent entre elles ces collines, l'eau ne peut s'infiltrer profondément à cause de l'imperméabilité du sous-sol argileux. Elle s'accumule, devient stagnante ou, lorsque les parties basses se communiquent et présentent une pente suffisante, elle forme de petits ruisseaux.

Le système hydrographique de cette région est très compliqué et ne peut être saisi par un coup d'œil donné en passant ; d'ailleurs, il n'offre pas un grand intérêt. Dans les endroits les plus humides, au milieu d'une multitude de plantes aquatiques, poussent en abondance les rofias et les ravinalas ; serrés les uns contre les autres dans les fonds, ces arbres remontent le long des petits cours d'eau et, à mesure qu'on approche de leur origine, ils deviennent de plus en plus rares. Sur les sommets ne pousse que de l'herbe.

Le rofia et le ravinala donnent à la région que nous traversons un aspect particulier. Le premier, que les savants connaissent sous le nom de *raphia Madagascariensis*, est un palmier dont les branches s'évasent en bouquet ; es parties fibreuses servent, comme je l'ai dit, à la confection des rabanes ; beaucoup aussi partent pour l'Europe où, principalement dans le Midi de la France, elles sont employées à attacher les vignes sur leurs tuteurs. Le second, appelé par les doctes *urania speciosa*, possède des feuilles disposées en éventail sur un même plan. Suivant les terrains, cet éventail s'agite soit au-dessus d'un tronc assez élevé, soit presque au niveau du sol. De plusieurs mètres de longueur, les feuilles du ravinala ne s'élargissent qu'à une certaine distance du centre de rayonnement, de sorte que, lorsqu'on voit de loin un de ces arbres, les côtes minces disparaissant dans la vive lumière, la tête ressemble à un immense point d'orgue. Elle n'est pas moins singulière et se réduit à une simple ligne quand on la regarde sur la tranche, surtout si plusieurs sont orientées de la même façon. Le ravinala est souvent appelé « arbre du voyageur » parce qu'il garde, à la base de ses larges feuilles, une provision d'eau qui peut servir à étancher la soif du passant ; mais, pour remplir avec utilité ce rôle qui paraît à beaucoup d'étrangers une délicate attention de la Providence à leur égard, il devrait pouss. dans les déserts et non sur le bord des ruisseaux. Il rend des services plus réels dans la construction des cases indigènes dont le plancher est fait de son écorce, la couverture de ses feuilles coupées en deux dans le sens de la longueur, et la membrure du toit, des côtes de ces mêmes feuilles.

Nous marchons encore une heure par un sentier qui tantôt contourne les collines et tantôt les escalade , au milieu d'un paysage dont la nouveauté nous dissimule la monotonie. Enfin nous arrivons dans un village d'une dizaine de cases où les porteurs pourront apaiser leur faim. Suivant le cérémonial quotidien, l'un d'eux, se découvrant respectueusement, vient nous demander un peu d'argent : nous lui allouons un *lasiray* (0 fr. 31) et il va, en marchandant longuement pour faire augmenter la portion, acheter une montagne de manioc cuit à l'eau. Il en fait ensuite une répartition équitable entre ses camarades, non sans avoir mis à part quelques beaux morceaux qu'il dispose soigneusement dans son chapeau transformé en légumier et qu'il nous présente pour que nous prenions part au déjeuner.

Cet emploi inusité d'un objet de toilette peut sembler étrange , mais il n'est pas le seul : le chapeau en paille de riz du porteur malgache joue encore d'autres rôles tout aussi inattendus. Par exemple, entre les mains habiles de son propriétaire , il devient un filtre destiné à épurer l'eau croupissante des marais ; pour l'appliquer à cet usage, on le fait flotter et on l'enfonce doucement ; l'eau, tendant à se mettre de niveau, pénètre à travers les étroits interstices de la paille et laisse dehors les débris organiques accompagnés des nombreux animalcules qui habitent les lagunes de Madagascar ; on n'a plus alors qu'à soulever le couvre-chef et à boire dans ce hanap improvisé. Il faut dire néanmoins que les Malgaches n'accordent qu'une médiocre confiance à ce genre d'assainissement, car lorsqu'ils y ont recours en voyage, ils ne font que se rafraîchir la bouche et s'empressent de cracher l'eau. Une fois de plus se justifie ainsi le principe de la division du travail, en vertu duquel un organe, pour être parfait, ne doit remplir qu'une seule fonction ; dans ses métamorphoses le chapeau de paille est évidemment inférieur à un plat pour servir les légumes et à un filtre Chamberland pour débarrasser l'eau des microbes, mais on ne saurait raisonnablement reprocher aux porteurs de ne se point charger de ces objets encombrants.

L'estomac lesté, la troupe reprend sa marche sous une pluie fine qui commence à tomber. Nous nous engageons dans un ruisseau assez profond où un homme perd pied en cherchant un gué ; puis nous le longeons un certain temps, en suivant une berge étroite qui s'éboule sous notre poids. A neuf heures et demie, nous sommes sur les bords de l'Iaroka que nous traversons de nouveau pour retourner sur la rive gauche.

A quelques pas de la rivière, s'élève un tombeau assez curieux : il se compose d'un toit porté par quatre poteaux, sous lequel gisent deux coffres creusés dans des troncs d'arbres et munis de couvercles qu'immobilise une longue barre de bois placée transversalement et formant un levier que tient abaissé une grosse pierre. Les cadavres se trouvent ainsi à l'abri de toute profanation ; mais une telle précaution est exceptionnelle. En général, les corps, simplement enveloppés d'étoffes, sont juchés sur un plancher élevé de deux mètres et protégé par une couverture à deux versants ; ils se décomposent à l'air, mais les tombeaux n'étant jamais ni groupés en grand nombre, ni établis dans le voisinage des habitations ou des sentiers, aucun inconvénient ne résulte de ce mode de sépulture. Les habitants n'aiment pas qu'on examine trop attentivement les cadavres et ils surveillent de près l'étranger qui se dirige de leur côté.

Ne perdant jamais une occasion de se mettre quelque chose sous la dent, nos hommes profitent de l'arrêt occasionné par les voyages répétés de l'unique pirogue que nous avons trouvée, pour dépouiller quelques orangers de leurs fruits et couper d'énormes morceaux des cannes à sucre qui croissent sur les bords de la rivière. Ces cannes poussaient-elles là spontanément et sans aucune intervention humaine ? Je n'oserais l'affirmer ; mais les porteurs pratiquent, quant à la propriété agricole, des idées fort larges qui, dans le cas particulier, les poussent à mâcher avec énergie le produit de leur récolte, afin d'en extraire le jus sucré. Cette dégustation leur fait oublier la pluie qui, peu à peu, a augmenté et est devenue torrentielle ; les bords de leurs chapeaux s'affaissent piteusement et leurs camisoles de rabane deviennent luisantes sous l'averse ; ils reçoivent ce baptême continu stoïquement, en baissant la tête et en arrondissant le dos. Pour moi, enveloppé dans un caoutchouc, c'est en vain que je cherche à boucher les ouvertures par où s'introduit l'eau ; en dépit de mes efforts, je suis inondé. A peine, à travers les grosses gouttes qui strient obliquement l'atmosphère obscurcie par d'épais nuages, puis-je voir que, si le sol a conservé le même aspect mamelonné, sa nature a changé : le sable est remplacé par une argile jaune, rouge et même quelquefois violacée, que la pluie délaie et rend glissante.

Nous traversons ainsi deux villages, dont le second, Maromby (*Maro*, nombreux ; *omby*, bœufs) est important. Il est construit sur une petite colline, à côté d'un ruisseau où vogue toute une flottille de pirogues. Souvent, en effet, au lieu de prendre la route que j'ai décrite, c'est par eau, en remontant l'Iaroka et le petit affluent qui passe au pied du village, que l'on va d'Andovoranto à Maromby en quatre heures ; ce trajet est préféré par les voyageurs que laissent indifférents les beautés naturelles du marais de Tanimandry.

Sous la pluie qui nous cingle le visage, l'étape paraît interminable. Nous nous arrêtons seulement vers deux heures, à Manambonitra.

Notre intention n'est que d'y déjeuner, mais, au bout de quelques instants, le commandeur vient nous dire que nous devrons y passer le reste du jour et y coucher : une crue subite du ruisseau qui se trouve à la sortie du village fait obstacle à toute marche en avant. A Madagascar, ces rapides changements du niveau des cours d'eau sont fréquents et la constitution des terrains qu'ils traversent les explique : le sol argileux est très peu perméable ; l'eau ne s'y infiltre pas. Elle coule à la surface et, en peu de temps, par suite de la raideur des pentes, arrive dans les vallées où le ruisselet le plus mince prend tout à coup une majestueuse allure. Il ne la garde du reste que peu d'heures, car la crue ne dure guère plus longtemps que la pluie qui l'a produite.

Nous profitons de notre repos forcé pour recueillir des échantillons de botanique et inspecter nos bagages. Nous faisons des découvertes navrantes, qui nous présagent pour l'avenir d'autres mésaventures si le mauvais temps continue : sous l'influence combinée de l'humidité et de la chaleur, la boîte de notre chronomètre s'est décollée et le cuivre de nos boussoles oxydé ; les serrures rouillées ne fonctionnent plus et, dans l'intérieur de nos malles, chaussures et vêtements se sont couverts de moisissures aux couleurs variées.

Le lendemain matin, le ruisseau étant revenu à sa hauteur normale, nous le traversons sans difficulté, ainsi qu'un grand nombre d'autres affluents secondaires de l'Iaroka.

La route est peu intéressante ; sur ses côtés, et, au loin, dans la campagne, se dressent un grand nombre de blocs de pierre noire. Ce sont les résidus de la roche primitive dont, sous l'influence des agents atmosphériques, la désagrégation a produit l'argile.

Le chemin monte, descend et dessine de fréquentes sinuosités avant d'atteindre Ranomafana (*rano*, eau ; *mafana*, chaude), à environ 100 mètres d'altitude. Là, jaillit une source thermale dont la température est d'environ 65 degrés ; l'inondation générale de la vallée ne nous a pas permis d'en approcher, mais un indigène a été à notre intention y remplir une bouteille. L'eau en est fortement minérale. Je ne doute pas qu'après analyse, les médecins ne lui découvrent des propriétés thérapeutiques remarquables. Toutefois, la création d'une ville d'eaux en ce point me paraîtrait encore prématurée.

A notre départ de Ranomafana, la pluie, en fidèle compagne, fait son apparition à la même heure que la veille et ne nous quitte pas une minute. Nous avons sur la tête les cataractes du ciel ouvertes en grand, sous les pieds une boue épaisse quand nous sommes dans la plaine, et des cascades quand nous montons ou descendons les pentes rocailleuses. A onze heures, nous arrivons à Bédara et, comme les mêmes causes engendrent les mêmes effets, nous y demeurons encore prisonniers tout le reste de la journée, par suite du grossissement des ruisseaux.

Le soir, en faisant une promenade dans le village, nous avons l'occasion d'entendre jouer de quelques instruments de musique et nous en étudions la structure.

L'un d'eux, le *valiha*, est tiré d'un gros bambou ; ses cordes, au nombre d'une vingtaine, sont formées d'une portion de l'écorce découpée en minces lanières qui restent adhérentes à leurs deux extrémités ; de petits chevalets les soulèvent et les maintiennent à un degré convenable de tension. On les pince au moyen des ongles, en tenant l'instrument verticalement appuyé sur les genoux. Les sons qu'on en tire sont assez jolis, mais tellement discrets que l'oreille la plus délicate n'en saurait être incommodée ; à quelques mètres de l'instrument, on n'entend plus rien.

Un autre, la *lokanga*, possède une ou deux cordes, tendues au-dessus d'une tige de bois munie de trois touches à l'une de ses extrémités et montée, de l'autre côté, sur une moitié de citrouille ou de calebasse formant boîte de résonnance. D'une main, on pince les cordes ; de l'autre, on les appuie sur l'une des touches, et on peut ainsi obtenir trois ou six notes. La lokanga sert surtout à accompagner la voix.

Un instrument d'importation européenne dispute l'affection des indigènes à la lokanga et au valiha : c'est l'accordéon, qui se répand de plus en plus et dont on trouve à Madagascar beaucoup de joueurs habiles. Dans la région où nous sommes, on entend surtout l'accordéon rectangulaire de fabrication française, suisse ou allemande ; dans le centre, domine l'instrument hexagonal, d'origine anglaise.

Pendant la nuit, le temps s'est remis au beau. Nous repartons de bonne heure et, à la clarté du soleil matinal, du haut d'une colline élevée dont nous faisons l'ascension, nos regards embrassent une vue fort étendue : partout des mamelons avec des rofias ou des ravinalas dans les vallées . et , sur les hauteurs , quelques touffes d'arbres au feuillage foncé ; au milieu de la verdure des herbes, les sentiers où se montre la terre se détachent en rouge ; la rivière, qui coule en serpentant, semble un ruban d'argent et près d'elle, au sein d'une sorte de brouillard, apparaît le village que nous venons de quitter, enveloppé par la fumée bleuâtre qui suinte à travers les toits bruns de ses cases. Devant nous, vers l'ouest, surgissent de hautes montagnes encore estompées par l'éloignement ; le terrain devient de plus en plus accidenté à mesure que nous nous en approchons ; nous traversons plusieurs ruisseaux , et, après avoir passé au milieu du village d'Ambatoharanana , nous faisons halte sur le bord d'un cours d'eau d'une vingtaine de mètres de largeur , assez profond , quoique guéable. Pour le franchir, quelques préparatifs sont nécessaires ; nos porteurs se retirent un peu à l'écart et procèdent à un déshabillage général ; c'est du reste vite fait ; bientôt , de tous leurs vêtements , il ne leur est resté que le chapeau. Revenus vers nous avec le geste pudique, mais non les charmes de la Vénus de Médicis , ils nous remettent les costumes qu'ils viennent de quitter, puis rechargent le filanjane sur leurs robustes épaules. Vers le milieu de la rivière, l'eau leur vient jusqu'au menton et ils sont obligés de nous soulever à la force des bras. Pour nous, les jambes horizontales et les bras remplis de la défroque que toute la troupe nous a confiée , nous demeurons au-dessus du niveau de l'eau , sinon toujours, au moins généralement.

Une fois sur la rive, chacun se secoue ; quelques instants suffisent pour réparer le désordre des toilettes ; nous nous dirigeons vers Mahela, où nous ne nous arrêtons point, et, une heure après, nous sommes à Ampasimbe (*Any*, là ; *fasika*, sable ; *be*, beaucoup).

Arrivés là, nous ne pouvons aller plus loin : par suite des mouvements désordonnés auxquels mon filanjane a été soumis dans les montées et les descentes, une de ses traverses en fer s'est cassée et, n'étant plus maintenus à un écartement convenable, les deux brancards font l'office de mâchoires d'étau et me serrent désagréablement les genoux. Force nous est de recourir aux talents d'un forgeron malgache. On nous en indique un dans le village ; il est installé sous un petit hangar. Le feu de charbon de bois de sa forge est activé par un soufflet qui consiste en deux troncs d'arbres creusés et placés verticalement côte à côte ; dans chacun d'eux se meut un piston en bois garni d'étoffe ; à la partie inférieure se trouvent deux petits tuyaux en bam-

bou qui vont aboutir à une pierre percée d'une ouverture unique, placée devant le feu. En donnant aux pistons un mouvement alternatif,
on produit un jet de vent continu. L'enclume est une grosse pierre ; le
marteau en fer est très léger, et exerce, par son choc, une action d'autant plus faible , que les Malgaches ont la mauvaise habitude de tenir
l'outil, non à l'extrémité du manche, mais près de la tête. Avec des
instruments aussi imparfaits, la réparation de mon véhicule exige plusieurs heures.

Pendant que je surveille ce raccommodage, les indigènes se livrent
à des exercices acrobatiques avec un bœuf destiné à la boucherie :
l'un d'eux essaye de monter sur le dos de l'animal et de s'y maintenir
le plus longtemps possible ; le bœuf agacé fait des bonds énormes,
jette son fardeau humain sur le sol, et prend sa course au milieu du
village ; on l'arrête au moyen d'une longue corde attachée à une de
ses jambes de derrière, et le plus audacieux tente de nouveau l'aven-
ture. Quand il est à bas, un autre recommence. Ordinairement, la
partie se termine quand il ne reste personne à culbuter et que tous,
successivement, se sont relevés plus ou moins contusionnés ou avec de
bonnes éraflures : le bœuf alors est conduit à un poteau où il reste lié
pendant sa dernière nuit.

A partir d'Ampasimbe, le chemin monte rapidement en fendant la
première zone forestière dont l'île de Madagascar est entourée ; les
arbres sont peu élevés, éloignés les uns des autres , mais entre eux
poussent en multitude buissons et broussailles. Le sentier est étroit,
encaissé, profondément raviné par les pluies, obstrué par des fragments de rochers, des racines et des branches cassées ; il met en communication deux villages, Mahadilo et Sahanitelo, et coupe plusieurs
petites vallées. Au fond de l'une d'elles coule, sur un lit de cailloux,
un ruisseau d'une douzaine de mètres de largeur ; en amont du gué,
nous apercevons une chute qui, avec son encadrement de fougères
arborescentes et de lianes, produit un charmant effet. Bientôt après,
nous sommes à Beforona (*be*, beaucoup ; *forona*, joncs), grand village
où se trouvent un gouverneur hova et des militaires, un temple pro-
testant et une école. Depuis l'époque de mon passage, on y a même
installé un bureau télégraphique.

Beforona est un point renommé par ses fièvres. Ceux qui sont nés
dans le pays les contractent rarement, mais les Hovas de l'intérieur,
dont se composent l'administration et la garnison, y sont très sujets ;
il en est de même des Européens. Le village étant à une altitude de

475 mètres et à plus de 50 kilomètres de la mer, on voit qu'à Madagascar, les régions basses sur les côtes ne sont pas seules insalubres, comme on le dit généralement.

Comme c'est dimanche, nous avons donné un peu d'argent à nos hommes pour acheter de la viande. Cette ration supplémentaire, sans doute arrosée de rhum et de *betsa-betsa*, infusion d'herbes aromatiques dans le jus de canne fermenté, les a mis en gaieté. Le soir, ils chantent et dansent dans la case où ils sont installés ; nous allons rehausser par notre présence l'éclat de cette fête improvisée. Les porteurs sont assis, sauf un seul qui, resté debout, chante un thème ; les autres font avec leurs voix un accompagnement monotone, dont les temps forts sont accentués par des battements de mains. D'autres fois, le chanteur principal improvise un récitatif et tout le monde reprend le refrain en chœur. De temps en temps, la chorégraphie s'allie à la musique. Ces danses, auxquelles les mains participent autant que les pieds, sont lentes, peu gracieuses et ressemblent trop souvent à des tours de force. Pour les apprécier, de même que pour pénétrer les finesses de la poésie malgache, il faudrait être depuis longtemps dans le pays. Aussi, vers neuf heures, nous nous retirons, mais, bien avant dans la nuit, nous entendons encore des chansons aux innombrables couplets.

Le lundi matin, vers six heures, nous quittons Beforona. Le terrain que nous parcourons est arrosé par plusieurs cours d'eau, dont l'un est tellement sinueux, qu'en moins de vingt minutes, nous le guéons treize fois. Au moyen de canaux d'irrigation, il alimente des rizières qui semblent assez mal entretenues. Le riz qu'on récolte dans cette région est rougeâtre et n'est pas très estimé.

A sept heures, nous passons à Rihitra ; puis nous commençons une longue et pénible ascension à travers un bois épais. Le chemin est argileux, glissant, encaissé entre les deux parois verticales d'une tranchée de six à huit mètres de hauteur, et dominé par des rochers qui n'ont pour point d'appui qu'un peu de terre minée par les eaux ; dans cet étranglement aussi tortueux que montueux, le filanjane ne peut se manœuvrer ; nous mettons donc pied à terre, et pataugeons sur un des côtés du couloir, en faisant des efforts parfois infructueux pour ne pas glisser dans le fond rempli d'une boue rougeâtre et gluante. Les passages difficiles se suivent et se ressemblent, mais s'ils sont toujours mauvais pour les jambes, ils sont souvent agréables pour les yeux : les bambous, les hautes fougères, les arbres couverts de lianes, d'orchidées, de mousses et de plantes parasites forment, au-dessus de nos têtes, une épaisse voûte de verdure et nous font, à certains moments, oublier que nous nous agitons en plein bourbier.

Pour surcroît d'agrément, nous rencontrons un troupeau de bœufs dans un de ces corridors et, afin de lui faire place, nous sommes réduits à nous accrocher à des racines qui sortent de la muraille de terre ; les animaux, stimulés par les conducteurs, passent paisiblement ou à fond de train suivant leur humeur ; à la fin du défilé, l'un d'eux s'envase dans une fondrière où il ne peut plus bouger ; les efforts combinés de plusieurs hommes ne l'en retirent qu'à grand'peine.

Après un arrêt pour déjeuner à Anevoka, village d'une vingtaine de cases, nous reprenons l'après-midi les mêmes exercices en pleine boue et en plein bois Au plus épais d'un fourré, nous entendons des cris plaintifs. On dirait des gémissements humains sortant des broussailles, mais nous ne voyons rien ; c'est une troupe de *babakoto* que nous avons mise en fuite. Ces lémuriens, qui ont pour caractère particulier d'avoir une queue assez courte, sont sauvages et très difficiles à prendre. Souvent je les ai entendus dans les forêts, mais jamais je n'ai pu en approcher.

Après une nuit passée à Analamazaotra, nous suivons, en quittant ce village, une route beaucoup moins accidentée mais non plus propre que celle de la veille. Le terrain en est marécageux et coupé par des affluents du Ranombary, rivière située au nord et qui, avec le Ranolahy, va se réunir à l'Iaroka, à quelques kilomètres d'Andovoranto ; des arbres, jetés d'une rive à l'autre, y forment des ponts d'une solidité douteuse. Leur étroitesse est telle que les quatre porteurs de filanjane doivent y marcher à la file ; ayant juste la place nécessaire pour les pieds, ils ont de la peine à se tenir en équilibre, d'autant plus que la poutre sur lequel ils se risquent est animé de mouvements oscillatoires analogues à ceux que prennent les cordes tendues qui servent aux acrobates.

Au milieu du jour, nous faisons une halte à Ampasimpotsy (*Any*, la ; *fàsika*, sable ; *fotsy*, blanc), village d'une quarantaine de cases assez propres, placées sur les côtés d'une large rue. Tout le fond de la petite vallée où il est construit est recouvert d'une couche de sable, dont la blancheur tranche sur l'argile fortement colorée des environs. L'étymologie est donc pleinement justifiée.

Au-delà d'Ampasimpotsy, à part quelques marais, la route est convenable et le fait est d'autant plus à noter qu'il est plus rare. Nous montons toujours et quand nous avons atteint le point culminant de notre

course, nous apercevons, au lointain, de hautes montagnes, bien dé-
coupées, se détachant nettement sur le ciel ; elles constituent la dernière marche du gigantesque escalier menant de la côte à l'Imérina ;
nous en sommes séparés par une vaste plaine où sont parsemés de loin
en loin quelques mamelons de faible hauteur. Au pied des montagnes.
le Mangoro coule du nord au sud ; c'est beaucoup plus bas seulement,
qu'après avoir fait un coude à l'est, il se dirige vers l'Océan Indien où
il se jette à Mahanoro. Plus près de nous est Moramanga. où l'on
parvient en suivant un sentier tracé sur un contrefort de la montagne.

Moramanga est une ville d'environ 1,500 habitants. Elle s'étend surtout en longueur. Les cases, construites en bois. ont une architecture
un peu moins rudimentaire que celles des villages précédents : la plupart sont divisées en plusieurs pièces et toutes possèdent des portes et
des fenêtres ; à l'extérieur, on aperçoit des traces d'ornementation,
particulièrement sur le poinçon placé entre les chevrons du pignon.

La case où nous descendons est située à l'entrée de la ville, au milieu d'une cour close par un petit mur en terre. Au dedans, nous
trouvons quelques meubles et les murs, ainsi que le plafond, sont re-
couverts de nattes.

Au moment de notre arrivée, la longue et unique rue de Moramanga
présentait une grande animation. Bien que ce ne fût point le jour du
marché, qui se tient le jeudi, de nombreux commerçants avaient établi
leurs boutiques en plein vent, sous de vastes parasols en coton écru ou
en rabanes bariolées ; à leur ombre étaient étalés, à terre, quelques
articles européens consistant en étoffes, couteaux, miroirs, aiguilles,
boutons et surtout des produits indigènes, tels que la viande de bœuf
et de porc, les légumes, les fruits, le sucre, le sel et le savon.

A notre case fait face l'habitation du gouverneur hova, construite
dans un *rova* ou enceinte rectangulaire fermée par des palissades à
pointes aiguës : genre de clôture défensive qui ne peut être employé
que par la reine, les princes et les représentants du pouvoir central.

Nous faisons porter nos cartes au gouverneur qui se nomme Radra-
ma et possède dix honneurs. Quelques instants après, nous recevons
la visite de ce haut personnage. Pour la circonstance, il a voulu se
vêtir à l'européenne. Il est enveloppé dans une robe de chambre en
flanelle à carreaux rouges et noirs. Mais comme, au bout d'une demi-
heure de la conversation qui a lieu par l'intermédiaire de notre cuisinier, Catat lui propose de faire son portrait, il nous demande la per-

mission d'aller changer d'habits. Il revient bientôt avec un élégant costume complet gris ; une fois placé devant l'objectif, s'apercevant qu'il a oublié sa montre, il l'envoie chercher par un officier, en même temps qu'une Bible ; pendant la pose il tient celle-ci d'une façon apparente, afin de montrer qu'il a gardé la foi inculquée par les missionnaires anglais. Les officiers de l'état-major, qui forment un groupe avec leur chef, n'ont pas une tenue moins remarquable ; l'un d'eux surtout est très risible : il porte une redingote et un pantalon noirs, mais sans souliers ni chemise.

La séance de photographie se continue par le défilé d'un certain nombre d'indigènes devant l'appareil ; les modèles ne peuvent nous manquer, car, à Moramanga, la population est variée. La ville se trouve aux limites de l'Ankay, province habitée par les Bezanozano et il existe de cette tribu des types assez purs ; avec leurs cheveux disposés en petites touffes aplaties et couvertes d'une graisse blanchâtre, leurs boucles d'oreilles et quelques autres bijoux en argent, les femmes grandes et élancées ont beaucoup de caractère ; les hommes aussi, mais leurs formes sont moins élégantes ; ceux qu'on rencontre dans la forêt ont, pour tout costume, une pièce de cotonnade autour des reins, une calotte ronde en natte et un collier en boutons de porcelaine blanche. Les Hovas sont nombreux à Moramanga et se distinguent sans peine des autres races, par leur teint plus clair et leurs cheveux lisses ; ils sont aussi plus intelligents ; leurs enfants sont beaucoup plus sociables que ceux des Betsimisarakas. Nous causons avec eux assez facilement ; leur prononciation est douce et se rapproche davantage du langage écrit que celle de nos porteurs ; ils comprennent nos questions, y répondent et nous sommes étonnés de leur entendre répéter des phrases françaises que nous avons prononcées une seule fois. Presque tous savent lire et écrire.

Nous employons la fin de l'après-midi à des exercices linguistiques avec les gamins des deux sexes qui ont envahi notre domicile. Dans la soirée, nous continuons ces exercices avec le frère du gouverneur qui vient nous visiter accompagné de sa famille. Suivant l'usage du pays, il nous a apporté un cadeau de victuailles.

Notre séjour à Moramanga n'a pas été sans intérêt, et nous nous couchons satisfaits de notre journée. Malheureusement, toute médaille a son revers et nous ne goûtons qu'un sommeil agité et interrompu : les soldats de garde à l'entrée du *rova* poussent toutes les deux minutes le cri de *zovy !* (qui vive), qui prouve leur vigilance, mais qui nous trouble désagréablement. Ce n'est pas tout : les élégantes tentures de nattes dont les parois de notre chambre sont recouvertes, recèlent dans leur plis des familles d'insectes qui profitent des ombres de la nuit pour faire des excursions au dehors et venir se promener dans nos lits. Aussi, voyons-nous avec plaisir se lever le soleil qui met fin à ces causes multiples de dérangement.

De Moramanga aux bords du Mangoro, le terrain, sec ou marécageux suivant les points, ne nourrit qu'une herbe maigre. On ne revoit des arbres, et encore fort rabougris, que sur des collines situées près du fleuve, qu'on atteint après environ trois heures de marche. A l'endroit du passage s'élève un village appelé Andakana (*any*. la ; *lakana*, pirogues), à cheval sur le cours d'eau et dont les deux parties n'ont rien à s'envier, car elles sont aussi sales l'une que l'autre. Le Mangoro, assez rapide et parsemé de quelques îlots, a 80 mètres de largeur à peu près. Après en être sortis, nous le longeons sur la rive droite : tant que le Mangoro reste en vue, je m'écarquille les yeux pour tâcher d'apercevoir un caïman, car ce fleuve a la réputation d'en contenir beaucoup, mais mon attention n'obtient aucun succès.

Jusqu'au village d'Adzomakely, station choisie pour notre déjeuner, le terrain n'est guère accidenté ; mais au delà se dresse le mont Fody, dont nous faisons l'ascension par une longue rampe ; ses flancs sont dénudés ; à son sommet pousse un petit bois, à l'issue duquel nous descendons par une pente rapide dans une plaine où coulent plusieurs ruisseaux qui alimentent des rizières. Nous avançons tantôt dans des parties inondées, tantôt sur de petites levées de terre qui servent de digues ; d'une façon ou de l'autre, la marche est pénible et lente. Nous finissons néanmoins par sortir de ce chemin détrempé ; nous guéons une rivière et nous gravissons une colline où se trouve un village nommé Sabotsy (samedi), à cause d'un marché qui s'y tient chaque semaine. Du point où il a lieu et qui ne se signale que par des abris en feuilles, on jouit d'une vue s'étendant sur toute la vallée. Nous faisons là quelques photographies, mais la pluie vient vite nous interrompre, et elle nous force à rentrer dans le village pour y achever la journée.

Le lendemain, de bonne heure, nous sommes en route. Une première étape sans grand intérêt, nous mène à Ambodinangavo (*Any*, là ; *vody*, pied ; *Angavo*, nom d'une montagne) ; puis nous nous mettons à gravir la rampe qui conduit sur les hauts plateaux du centre. Semé de cailloux de tous les calibres, le chemin se confond avec le lit d'un ruisseau qui vient des hauteurs. Pendant que nous montons en sautant de pierre en pierre ou en nous hissant péniblement sur les plus gros rochers, le ruisseau descend en murmurant et en formant de petites cascades. En haut se trouve un bois, plus loin une rivière au-dessus de laquelle est jeté un pont malgache, long et vibrant. Vient ensuite une montée dans l'argile détrempée ; seconde édition augmentée, mais non corrigée, hélas ! des côtes d'Analamazaotra, avec couloirs profonds et remplis d'une boue épaisse. Commencées par la main des indigènes, ces tranchées s'approfondissent de plus en plus par le passage répété des hommes et des troupeaux, aussi bien que par l'action des eaux pluviales. Quand elles sont devenues par trop impraticables, on en creuse à côté d'autres qui sont bientôt dans le même état.

Enfin, nous parvenons au sommet ; tout le monde a de la boue rouge jusqu'au-dessus des genoux : chacun semble de loin s'être botté en cuir de Russie ; une mare se trouve là, fort à propos ; nous faisons donc une toilette sommaire et nous entrons dans Ankeramadinika.

Ce village est absolument différent de tous ceux que nous avons vus jusqu'ici. Les maisons s'y trouvent bien encore disposées sur les côtés de la route, mais au lieu d'être en bois, elles sont construites en terre. Les murs de 0^m60 d'épaisseur sont formés d'assises de 0^m80 de hauteur. On les établit successivement, avec de l'argile battue et délayée dans l'eau, à mesure que l'une d'elles a pris de la solidité en séchant. Certaines parties, comme les pointes des pignons, sont en briques crues ; les baies sont entourées d'un bâti en bois. Ordinairement, un mur divise l'intérieur en deux parties ; le plus souvent, la porte qui y est percée a moins de hauteur que la moyenne de la taille humaine ; on s'y cogne donc la tête au commencement, mais l'expérience instruit, et, au bout de quelque temps, on se baisse instinctivement pour entrer.

On accède à l'étage, quand il y en a un, par un escalier en briques, vite transformé en un vrai casse-cou, par suite de la faible résistance à l'usure des matériaux dont il est composé. Le toit est saillant et, comme dans les cases en bois, le faîtage est soutenu par deux poteaux, plantés à l'intérieur près du milieu des murs formant pignon.

Ces maisons présentent assez de solidité, tant que la toiture est maintenue en bon état et protège les murs. Sinon, ceux-ci ne font pas longue résistance aux pluies diluviennes de l'hivernage : sitôt qu'ils sont imprégnés par l'humidité, ils s'affaissent. Quelques tas de terre, voilà tout ce qui reste d'un village abandonné depuis peu d'années.

L'intérieur des maisons est, pour l'ordinaire, très sale. Dans un coin, ou sous l'escalier, existe presque partout un enclos limité par un petit mur en terre, où passent la nuit un porc ou des moutons; les poules, les canards et les oies s'y réfugient également, ainsi que d'autres animaux plus petits, non assez domestiqués encore pour ne point causer quelques ennuis aux voyageurs.

A partir d'Ankeramadinika, le chemin est bon. Nos regards parcourent un grand nombre de rizières qui occupent le fond de toutes les vallées et qui sont artistement installées. Le petit cours d'eau dont le cultivateur dispose, est canalisé sur l'un des côtés ; le milieu a été aménagé en une série de terrasses étagées et séparées par des levées de terre ; de l'autre côté est un canal d'écoulement. On peut ainsi, suivant les diverses phases de la culture du riz, inonder les terrasses, avoir dans les champs de l'eau stagnante ou courante, puis les assécher. Toutes les parties du sol qui peuvent servir ont été utilisées et, pour arriver à un tel résultat, les Hovas ont dû exécuter des travaux considérables. A côté des rizières, s'étendent des champs de manioc, de patates et d'autres légumes. Mais si, en plongeant dans les vallées, l'œil est réjoui par le spectacle d'une fécondité due à l'intervention de l'industrie humaine, il n'a plus devant lui que l'aridité et la désolation quand il se relève sur les coteaux, dont toutes les parties hautes sont couvertes d'une herbe courte et rare que percent çà et là des blocs de granit. Seuls, quelques chétifs buissons enfoncent leurs racines dans ce sol lavé par les pluies et privé de terre végétale. On ne voit pas un arbre à plusieurs kilomètres à la ronde.

Nous nous arrêtons pour la nuit à Manjakandriana. Dans la maison qui nous est destinée, il y a, comme de coutume, deux chambres ; celle où nous devons coucher, pour ne point cohabiter avec les animaux qui encombrent l'autre, a des dimensions minuscules et ne semble pas construite à l'échelle humaine. Elle est éclairée par une petite fenêtre munie d'un volet en bois qui, à la rigueur, pourrait la fermer, mais que, sous peine de périr asphyxiés, nous devons maintenir ouvert aussi bien pendant notre repas du soir que pendant notre toilette du matin.

Bientôt, à cette étroite ouverture, nous voyons apparaître une foule de têtes, avec des yeux grands ouverts, et comme amoncelées les unes sur les autres. Ce sont les habitants du pays qui viennent nous examiner et se mettre au courant des usages d'une autre civilisation. Durant tout notre séjour, le public reste aussi nombreux et quelques amateurs gardent longtemps les bonnes places. Et pourquoi non, après tout ? N'étions-nous point une curiosité pour les Hovas, comme deux mois plus tard en ont été une, pour les Français, les sauvages exhibés à l'esplanade des Invalides ?

Nous avions pour voisin un bœuf à bosse qui sans doute se plaisait peu dans le domicile qu'on lui avait choisi, car il poussait des mugissements continuels. Si ces protestations étaient motivées par un instinct confus de la propreté, elles étaient légitimes, quoique par trop bruyantes : suivant la coutume hova, après l'avoir mené paître, on lui avait, en effet, donné pour gîte un trou de deux mètres de profondeur creusé en face de notre maison ; il y croupissait dans l'ordure et y plongeait dans la fange jusqu'au ventre. Ces sortes d'écuries creusées dans le sol n'ont aucun écoulement. Aussi la terre constamment piétinée, l'eau de pluie et d'autres éléments que je n'énumérerai pas, y forment bientôt un mélange qui n'est pas fait à souhait pour le plaisir des narines.

A partir de Manjakandriana, le pays devient très peuplé. En suivant la route, on a toujours devant soi le spectacle de cinq ou six villages dont les maisons d'argile rouge offrent un aspect fort coquet. Nous en traversons plusieurs, mais je n'en citerai qu'un, Maharidaza, parce qu'il a conservé la physionomie des agglomérations formées alors que les Hovas avaient encore à redouter les attaques de leurs ennemis. Il est construit sur une petite colline ; un fossé large et profond l'entoure ; du côté intérieur est une banquette en terre surmontée de cactus plantés en haie et dont les épines constituent une défense sérieuse. On pénètre à l'intérieur par deux portes étroites dont les montants et le linteau sont en granit ; pour clore chacune, une énorme dalle circulaire de plus de trois mètres de diamètre peut être roulée devant l'ouverture, entre les montants et de hautes pierres plantées dans le sol, afin d'empêcher qu'un effort venant de l'extérieur ne vienne la renverser. A Maharidaza, les énormes meules n'ont pas été remuées depuis longtemps, mais dans les villages fortifiés de l'ouest, sur la frontière du pays Sakalave, on manœuvre encore tous les soirs les portes roulantes.

La route continue à se développer au milieu d'une campagne dénudée ; elle suit les flancs des collines se rattachant au mont Ambatovaro, passe près du marché d'Alarobia (mercredi), longe les bâtiments d'une mission anglaise et aboutit à un grand village, Ambohimalaza (*Any*, là, *vohitra*, village ; *malaza*, célèbre), où nous stationnons et d'où nous envoyons un exprès au Résident général, à Tananarive, pour annoncer notre prochaine arrivée.

L'après-midi, nous nous promenons dans les environs. Nous visitons d'abord une mission catholique française, dans laquelle sont une église et une école ; puis nous allons voir des carrières de granit exploitées par les Hovas et recueillir quelques échantillons de géologie. En revenant, nous passons à côté de tombeaux bien différents de ceux des Betsimisarakas : le corps est enfermé dans un caveau souterrain ; à l'extérieur, le monument se compose de quatre terrasses superposées, de grandeur décroissante ; la terre est maintenue par des pierres plates et, du côté de la tête du mort, une de ces pierres est plus haute que les autres.

Le soir, nous dînons dans une famille hova à qui l'un de nous a porté des nouvelles d'un de ses membres habitant la France. Nos hôtes sont de riches commerçants, appartenant à la caste de la noblesse qui porte le nom du village où nous sommes. Ils parlent le français assez correctement, et comme, par la nature de leurs occupations, ils fréquentent beaucoup les blancs, ils vivent à l'européenne. Le salon où ils reçoivent possède une table et des chaises, mais la partie féminine de la famille a conservé les vieilles habitudes du pays et préfère s'asseoir sur les talons, le long des murs. Les femmes n'assistent point au repas et ne font leur apparition qu'au dessert, pour trinquer avec nous. A part ce détail, le dîner manque absolument de couleur locale et n'est remarquable que par le nombre des plats et l'incohérence avec laquelle ils se succèdent. Quand il est terminé, un esclave vient remarquablement jouer du *valiha* ; deux jeunes filles chantent ensuite, et nous éprouvons un véritable plaisir à l'audition de certains airs, mélancoliques comme la plupart des productions musicales des populations primitives.

Nos hommes ont profité des loisirs de la journée pour opérer une lessive générale ; le lendemain matin toute trace des maculatures de la route a disparu, et ils se montrent à nous, enveloppés dans des lambas d'une éclatante blancheur. Notre troupe a donc une tenue assez convenable pour faire son entrée dans la capitale, que nous devons atteindre après deux heures et demie de marche.

En partant d'Ambohimalaza, nous traversons une large rizière ; puis nous remontons sur des collines par un chemin passant au milieu de plusieurs villages. Le terrain est partout bien cultivé et les champs sont limités par des murs bas, en terre, surmontés de plantes disposées symétriquement. L'animation de la route, parcourue par de nombreux porteurs d'approvisionnements, annonce l'approche d'une grande ville. On aperçoit du reste Tananarive, dont les maisons s'étagent sur les flancs d'une haute colline, que couronne le palais de la Reine.

Au bout d'une heure, nous rencontrons M. d'Anthouard, secrétaire du Résident général, qui a eu l'amabilité de venir au-devant de nous. Nous lui serrons la main ; il nous donne quelques nouvelles de France, arrivées par le télégraphe pendant notre voyage, et nous faisons route ensemble. Nous passons à côté de nombreuses maisons de campagne et de tombeaux éparpillés sur les bords de la route, nous franchissons une colline, nous traversons une dernière rizière et enfin, nous sommes au pied de la capitale.

Il n'y a plus qu'une ascension à faire ; elle est courte mais difficile ; nos filanjanes prennent toutes les inclinaisons comme aux plus mauvais passages des montagnes. Arrivés au sommet, nous enfilons des ruelles étroites et sinueuses, nous montons et descendons des escaliers, et bientôt nous débouchons sur la place d'Andohalo. Nos porteurs prennent leur trot le plus allongé et se précipitent dans la grande rue, en poussant des cris pour écarter les passants qui l'encombrent. En plusieurs points, la pente est très raide, mais, en dépit des obstacles, nos hommes bondissent sur les blocs énormes de granit qui forment le pavage de la voie. Absorbés par le soin de conserver une attitude dégagée devant la foule qui contemple cette course furieuse, nous jetons à peine un coup-d'œil sur le palais de la Reine, sur celui du premier ministre, qu'on aperçoit en haut de la ville, et sur la cathédrale qui se trouve sur notre chemin.

Enfin, arrivés dans le quartier d'Ambatovinaky, on nous dépose sains et saufs à la porte de l'*Hôtel de l'Europe*, où, après notre apprentissage de la vie malgache, nous éprouvons l'agrément, qui ne nous paraît pas médiocre, de retrouver quelques-uns des raffinements de la civilisation.

Une heure après, nous étions à la résidence générale, où M. Le Myre de Vilers nous faisait le meilleur accueil et nous donnait ses conseils pour nos futures excursions dans l'île.

Comme on le voit par ce qui précède, la route de Tamatave à Tananarive est longue et difficile. En effet, la durée effective du voyage est de 65 à 70 heures et, pendant tout le parcours, excepté sur la côte, dans la plaine de Moramanga et aux environs de la capitale, on escalade des rampes glissantes, on marche dans des lacs de boue, on côtoie des précipices. Pour les voyageurs, qui sont et seront encore long-temps peu nombreux, l'inconvénient est faible. mais, pour le commerce, il est considérable. Chaque homme portant une charge de 50 kilogrammes au plus et étant actuellement payé 17 fr. 50 à peu près, le prix du transport d'une tonne de marchandise ressort à 350 ou 400 francs. En réalité, il est beaucoup plus élevé, à cause des emballages qui par eux-mêmes sont coûteux, surtout à cause de la division des charges, et qui représentent un poids mort important relativement au poids utile transporté. De plus, beaucoup de marchandises ne se prêtent pas à un fractionnement correspondant au poids moyen des paquets. Enfin, la fréquence des pluies dans certaines régions, le passage des rivières, les chutes dans la boue des marais, sont des causes fréquentes d'avaries. On arriverait donc, en tenant compte de tous ces éléments, qui ont plus ou moins de valeur suivant la nature des objets transportés, à un chiffre compris entre 500 et 600 fr., c'est-à-dire à dix fois ce qu'a coûté la même quantité de marchandises pour être amenée de Marseille à Tamatave.

Afin de diminuer les frais en maintenant le mode de transport actuel, il semble qu'on pourrait rendre le trajet plus court, en allant de Tamatave à la capitale en ligne droite, au lieu de faire un crochet par Andovoranto. Une route suit cette direction le long de la vallée de l'Ivondro : c'est le *chemin de Radama*. Ce chemin, d'après une légende qui a cours parmi les négociants européens, serait beaucoup meilleur que l'autre, à tel point que les Hovas, pour l'empêcher de servir à une armée d'invasion en cas de guerre, le cacheraient aux Français et défendraient d'y passer. Mes amis Catat et Maîstre ont demandé au premier Ministre l'autorisation de le parcourir, et cette permission leur a été accordée avec une facilité qui m'a fait supposer, avant leur départ, qu'ils n'auraient pas de secrets bien intéressants à découvrir : ils ont trouvé des escarpements encore plus raides que ceux d'Ankeramadinika et d'Analamazaotra, passé des journées entières dans des marais et rencontré de sérieuses difficultés pour se nourrir, à cause de l'éloignement des villages.

Au récit de ce voyage, on s'est contenté de répondre que ceux qui l'avaient accompli, trompés par de fausses indications, n'avaient pas suivi le véritable chemin de Radama ; et la légende est restée entière. Elle puise de la force dans son invraisemblance même. Il est, en effet, difficile d'admettre qu'entre Tamatave, au niveau de la mer. et Tananarive, à 1,400 mètres d'altitude, existe un chemin naturel bien commode, quand on voit que, dans la région intermédiaire, les reliefs du sol sont sensiblement parallèles à la côte et que la nature du terrain varie peu. Du système orographique de l'île et de sa constitution géologique, résultent, au point de vue des transports, certains inconvénients qui doivent se rencontrer aussi bien en allant à la côte Est par la perpendiculaire que par l'oblique.

Les commerçants européens parlent aussi beaucoup de la création d'une voie ferrée conduisant à la capitale. Les difficultés techniques seraient considérables ; mais elles ne sont rien auprès des difficultés financières, car le mouvement des terres et les ouvrages d'art entraîneraient d'énormes dépenses, tout à fait au-dessus des moyens du gouvernement hova et devant lesquelles reculera une société financière, craignant d'entreprendre une ligne qui nécessitera de si grands frais d'établissement pour un trafic probable aussi faible.

La concession a, du reste, déjà été donnée à un Italien ; mais, éclairé par l'étude du projet qu'a faite un ingénieur son compatriote, M. Cortesse, il s'est bien gardé d'en profiter.

D'après le lieutenant-colonel Rocard, qui s'est récemment occupé de la question des transports à Madagascar, le mouvement des marchandises n'est que de 500 à 600 tonnes par an entre la capitale et la côte. Ce chiffre me paraît faible, mais même en admettant qu'il doive être doublé et qu'il puisse augmenter rapidement, il est de nature à faire hésiter les financiers.

Le chemin de fer ne pourra donc être construit que dans un avenir éloigné et, pour le moment, il faut une solution plus économique. La meilleure serait de partir du tracé actuel de la route et de mettre celle-ci en bon état : en rectifiant le chemin sur les plateaux et en lui faisant décrire quelques sinuosités sur les flancs des montagnes, en ouvrant des tranchées et en comblant les fondrières, en élargissant les étroits couloirs de la forêt, en enlevant les arbres et les rochers qui barrent les chemins, en construisant des ponts légers sur certaines rivières et en établissant des bacs sur les cours d'eau plus importants pour remplacer les pirogues, on diminuerait sensiblement les fatigues des porteurs.

De plus, comme il serait désirable qu'une partie importante de la population, et non la moins courageuse et la moins intelligente, ne fût pas transformée en bêtes de somme, on pourrait, sur la route ainsi améliorée, faire circuler des attelages de bœufs ou, au moins, des mulets et des ânes portant des paquets. L'âne surtout rendrait de grands services ; son prix d'achat est peu élevé, il est fort relativement à sa taille, il a des habitudes rustiques, et sans aller jusqu'à soutenir, ainsi qu'on l'a fait, qu'on peut le nourrir avec des coups de bâton, il n'exige incontestablement ni une pitance choisie, ni des soins délicats. Comme, de son côté, le Malgache n'est pas enclin à se donner beaucoup de peine pour l'entretien d'un animal quelconque, ces deux êtres feraient ensemble très bon ménage.

Une telle route pourrait être établie sans grands frais par le gouvernement hova. La corvée ou *fanampoana* existe à Madagascar ; d'après la loi, tout homme libre doit son travail à la Reine pendant un temps indéterminé, sans avoir droit à aucune indemnité. C'est une institution déplorable et qui, tant qu'elle subsistera ou du moins tant qu'elle ne sera pas strictement limitée, opposera un obstacle insurmontable au développement intellectuel et matériel du pays ; mais, puisqu'elle est encore en vigueur, il faudrait l'utiliser et la justifier par un bon emploi Il n'y en aurait pas de meilleur que la création de voies de communication favorisant le commerce et permettant d'exploiter les richesses naturelles du pays.

Le gouvernement est encore aujourd'hui peu disposé à adopter cette manière de voir. Au fond, il en est resté à la politique de Radama I, qui disait que les Européens trouveraient toujours assez tôt le chemin de Tananarive, sans qu'on eût besoin de construire des routes pour faciliter à leurs armées l'accès de la capitale. C'était une opinion logique, parce qu'elle s'accordait avec un système complet d'isolement, les Hovas se tenant en dehors des civilisations étrangères et mettant obstacle à tout ce qui pouvait en amener l'introduction. Aujourd'hui il n'en est plus ainsi : les idées se sont modifiées, les besoins se sont accrus, le commerce s'est développé et le gouvernement lui-même s'est lancé dans une imitation souvent intelligente, parfois grotesque, de nos institutions et de nos usages. La France s'est prêtée à faciliter cette évolution, mais les Hovas auraient tort de croire qu'ils pourront toujours user de notre concours en tout ce qui leur est utile et ne rien faire à notre profit. Pour les routes, comme pour beaucoup d'autres questions, s'ils veulent en demeurer à une politique égoïste et surannée, nous saurons, il faut l'espérer, agir sur eux par la persuasion d'abord, et plus tard, quand le moment sera venu, leur forcer quelque peu la main.

Lille Imp. L. Danel.

www.ingramcontent.com/pod-product-compliance
Lightning Source LLC
LaVergne TN
LVHW010332030726
842520LV00004B/1424